名所江戸百景
浅草川
大川端
宮戸川
廣重筆

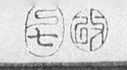

監修者——五味文彦／佐藤信／高埜利彦／宮地正人／吉田伸之

［カバー表写真］
橋本貞秀「東都両国ばし夏景色」
両国名物、夏の花火見物に群集する人びと

［カバー裏写真］
表店の前で古紙を量る紙屑買
（「熙代勝覧」）

［扉写真］
広重「名所江戸百景
浅草川・大川端・宮戸川」

日本史リブレット 53

21世紀の「江戸」

Yoshida Nobuyuki
吉田伸之

目次

21世紀から「江戸」へ

日本近世の位置

本書は、「近世」と呼んでいる時代、すなわち江戸時代と、二十一世紀にはいったばかりの現代社会とのつながり、あるいは関わりを三つの素材を通じて考えようとするものである。ここでタイトルに掲げた「江戸」とは、江戸時代の意味であり、また筆者がおもに研究対象としてきた巨大城下町・江戸のことでもある。二十一世紀を生きる私たちにとって、たとえば江戸の町のように、一見身近なものとしてイメージしやすいように思える日本の近世社会とは、実際にはどのような内容をもっていたのか。また近世のような過去の社会を考えることの意味はどのようなものだろうか。

ここでいう日本の近世社会は、一五七三(天正《てんしょう》元)年に織田《おだ》信長《のぶなが》が足利《あしかが》幕府を滅亡に追い込んでから明治維新《いしん》まで、ほぼ三〇〇年余にもおよぶ時代である。明治にはいってから現代まで一四〇年にいたらないのであるから、三〇〇年は長い。この時代、日本は欧米資本主義が主導して、なかば強引につくりあげてゆくことになる「世界」史のなかに、初めは徐々に、そして最後の四半世紀においては急速かつむりやりに組み込まれてゆくことになる。五世紀の日本国家成立以来、長い年月を重ねて形成されてきたこの列島の伝統社会は、近世という時代に発酵し成熟して、今「日本らしさ」といわれるものの大半がこの時期に形成されたのである。

普通の市民にとっても海外旅行が気軽なものとなり、地球上どこにいってもさして変わらない欧米スタンダードの生活様式がみられるようになってしまったこの世紀の初め、すでに遠い死んだ過去となったかのような日本の近世社会は、はたしてどのような像として私たちのイメージにあるのか、はじめに垣間みておこう。

時代劇と侍

演劇・映画・テレビ・漫画・小説などの分野に、時代劇という一ジャンルがある。時代劇という言葉がいつどうやって成立したかも興味深いが、二十一世紀になっても時代劇はいっこうに衰退してはいないようにみえる。

時代劇というのは不思議な言葉である。過去の時代を素材とする創作ドラマということであろうが、実際にはそのほとんどが「近世」劇、しかも大半は「侍《さむらい》」劇である。NHK「大河ドラマ」は戦国時代から近世初めの武将か、幕末期の志《し》士《し》などが主人公だし、「水戸黄門」「暴れん坊将軍」など民放テレビの時代劇も、ほとんどは侍劇である。

二〇〇四年のNHK大河ドラマは「新撰組《しんせんぐみ》」である。この素材は、幕末期の広汎な中間層の有志としての運動の一翼であろうが(宮地、二〇〇四)、侍イデオロギーにおかされた百姓上層の子弟が剣客《けんきゃく》として目覚め、〝跳ね上が〟ってもたらしたところの悲喜劇としての一面も否定しがたい。リーダーである近藤勇《いさみ》(一八三四〜六八)や土方歳三《ひじかたとしぞう》(一八三五〜六九)らは、百姓たちの地道な生活と暮しの現場である村を放棄し、自己の筋骨に獲得したむきだしの暴力を武器に激動する歴史過程のなかに飛び込み、主観的な意図とは別の次元において、仲間を含む大量の人命を奪い、それによってたしかに歴史に名を残すことにはなったが、その代償として短い人生をあっけなく終えてしまった。それは幕末・維新期を彩る一個のエピソードだが、子母沢寛《しもざわかん》の名作『新撰組始末記』▲にも媒介

▼子母沢寛『新撰組始末記』 万里閣書房、一九二八年刊。中公文庫版参照。

され、時代劇の定番となって、二十世紀に繰り返し美化・再生されて神話化し、二十一世紀にはいっても引き続き侍愛好家や信奉者のアイドルであり続けている。

一方、時代劇で無名の民衆が主人公として描かれることはきわめてまれである。黒沢明《あきら》監督の秀逸な時代劇作品の数々にしても、「赤ひげ」などを除くと、民衆は脇役か他者である。「七人の侍」で黒沢は、戦国末期の村の人びとと浪人集団の交流・相剋を盗賊集団との争闘のなかにみごとに描くが、村の民衆は侍の目を通じて描かれるばかりで、剣客集団の描写を介してしか民衆を描けない苛立ちと悲しみが画面から伝わってくるかのようだ。こうした点で、河竹黙阿《かわたけもくあ》弥《み》の描く歌舞伎《かぶき》作品は民衆＝時代劇の貴重な宝庫であるし、また歴史小説でいえば、山本周五郎《しゅうごろう》や最近の杉本章子《あきこ》などの作品に普通の人びとを描く時代劇──とはいっても江戸の都市民衆にほぼ限られてはいるが──の可能性があるように見受けられる。

侍好きの日本人

さて、時代劇の大半は侍劇であると述べたが、その背景には日本人の「侍好き」とでもいうべき問題があるように思われる。たとえば、二〇〇四年二月末にイラク復興人道支援を名目にムサンナ州サマワへ駐屯し始めた陸上自衛隊主力部隊の群長B一佐は、現地到着に際し、「自分は武士道の精神で来ている」などと述べ、隊員に向かっては「日出ずる国と呼ばれる日本が、イラクを照らす日がやってきた」「G・N・Nの精神、つまり義理 Giri と人情 Ninjou、浪花節 Naniwabushi で悔いのない活動をしよう」などと訓示した（NHKニュース報道などによる）。群長B一佐においては、米英軍によって乱暴にふみにじられたイラクの「再建」に貢献するために、義理と人情の厚い、礼儀正しい大和魂《やまとだましい》をもってことにあたるべきだとする意識があり、その規範は、まさに侍の武士道においで歴史的に具現されているというわけだ。つまり、あるべき日本人像の中核に、素朴な侍イメージが存在するのであろう。

また、企業経営者にもこれとはやや異なるが、同様の侍像が広く蔓延している。企業経営者向けの雑誌には、毎号のように戦国から近世初頭の武将が登場し、読者である企業家＝企業戦士の指導者たちとその予備軍を自認する人びとにとって、企業社会が戦国の世に、みずからの企業戦略が信長や秀吉《ひでよし》や家《いえ》康《やす》やらの武将の生きざまに、それぞれなぞらえられていることがうかがえる。企業戦士の大半にとって、みずからの先祖は額に汗して働く無名の民衆であろうが、これらは視野の外にあり、侍にこそ自己の姿を投影したいとするぬきがたい侍願望があるのではないだろうか。こうして経営者から一般のサラリーマンにいたるまで、この国の企業戦士たちにおける歴史意識の中核に、戦国から幕末維新期にかけての「著名な侍」像があり、これに自己のアイデンティティを求めようとする傾向が顕著なのである。

豚に歴史はあるか

さて、このように有名な武将を含む侍に、自己のよって立つべき歴史像を求めたいというのは、まったく当人の自由である。しかし日本の近世社会において人口の八〇～九〇％を占め、現代を生きるほとんどの人びとにとってその直接の先祖である百姓や町人など勤労者の人びとは、振り返るに値する歴史をも

▼中村吉治　一九〇五～八六年。主著は、『近世初期農政史研究』(一九三八年)、『中世社会の研究』(一九三九年)、『中世の農民一揆』(一九四八年)など。

●——中村吉治

たなかったのか。

日本中世・近世の農民史、社会史、一揆《いっき》研究の偉大な先達である中村吉治《きちじ》▲は、その晩年に自分が学生のころのつぎのようなエピソードを語っている。

　卒業論文を書く時には、題目を決めて先生の許可をうける必要があったわけで、平泉さんのところへみな招集されて行った。そこで僕は農民史をやるといったら、薄っぺらな唇をニヤッとさせて、〝百姓に歴史があると思うのは、豚に歴史があると思うのと同じだ〟と言われた。こんちくしょうと思ったね。勝手にしやがれと思って、自分で書くことにした。しかし逆説的な効果はあったな、そういうこと言われたら、やる気になるからね。

(中村、一九八四)

右で「平泉さん」とあるのは、平泉澄《きよし》(一八九五～一九八四)のことである。平泉は一九二三年に東京帝国大学文学部の講師となり、二六年に助教授、三五年には教授となっている。一九三〇年三月から三一年七月にかけてはヨーロッパ各地へ在外研究ででかけており、帰国後、皇国《こうこく》史観《しかん》へと急旋回することになる。中村吉治が東京大学文学部を卒業したのは一九二九年三月であるから、右のエピソードは二八年ごろ、つまり平泉が助教授時代で渡欧直前の「まだ皇国史観に凝り固まっていない時期」(中村)に相当するわけである。

それにしても「百姓に歴史があると思うのは、豚に歴史があると思うのと同じだ」というのは、恐ろしい言葉だ。けれどもこれを、その直後に極端な天皇主義者へと変貌する平泉の異常で例外的な言説として無視することはできない。というのは、「侍好き」の現代日本人のなかにも、実はその裏側には「豚に歴史があるのか」に通底する歴史意識が色濃く潜在しているからである。

戦国から近世の諸大名《だいみょう》、はなやかな朝廷・貴族、幕末維新期の英雄、こうした名のある人びとの輝かしい事績をたどる歴史を描き学ぶのもいいだろう。現代のサラリーマンにも似た下級武士の「哀感」あふれる日常生活の実像ももっとのぞきたい気がする。しかし、しょせん彼らは武力を背景に勤労者から年貢《ねんぐ》や諸税を奪うことで、ひたすら支配行政・軍事にいそしみ、一方では奢侈《しゃし》的で非生産的な消費文化を楽しんだ支配身分の一群にすぎなかったのではないだろうか。そして、平泉によって豚同然と蔑視され切りすてられた百姓をはじめとする名もなき民衆たちの歴史は、少なくともこれら侍層が担った歴史と同等の意味を有したのではないだろうか。

普通の人びとの全体史へ

こうした点で、二十一世紀を生きる市民の歴史意識の形成にとっては、歴史研究者・教科書執筆者・教員・博物館学芸員・テレビ番組制作者・作家・漫画家・アニメーターなど、歴史像を描く側にいる人びとの責任と役割は大きい。近世＝江戸時代を生きた無数の名もなき民衆の歴史は、まだまだ十分には研究されておらず、丁寧に叙述されたり、身近なものとして教材化されたりしていない。またいわゆる歴史小説家たちの多くも、二十一世紀を生きようとする市民に、過去の、なかんずく近世の民衆像を実態に即して伝える努力をこれまで十分にしてこなかったことも大きな問題ではないだろうか。さきに述べた時代劇についていえば、繰り返し同工異曲で演じられる侍劇を乗り越えて、侍をも包摂しながら、普通の人びとを主体とする作品が豊富に叙述・創作・演出・上演されねばならない。

しかし、すでに遠い過去となった近世という時代を生きた民衆の全体史を叙述することは、今どのようにしたら可能なのだろうか。本書では、こうした点を念頭において、近世後期の江戸を舞台とする三つの具体的な素材を取り上げて、「二十一世紀の『江戸』」に向かう視点や方法といったことを考えることにしたい。

①町屋敷の章

まず、本書の舞台となる近世後期の巨大城下町・江戸の骨格について、都市空間の基盤を構成する土地を中心に概観しよう。江戸の土地構成はかなり複雑であるが、ここではとくに町人地の屋敷地——町屋敷——を取り上げて、その性格を具体的にみながら、江戸における大地の商品化の動向とその性格について考えることにしたい。

江戸の土地空間

まず前提として、近世後期における江戸の土地の大まかな種別とその分布をみてみよう。

次ページの図は一八五三(嘉永《かえい》六)年に版行された尾張屋版《おわりやばん》・江戸切絵図《えどきりえず》▲「小《こ》石川《いしかわ》・谷中《やなか》・本郷《ほんごう》絵図」の部分である。この図は赤・青・緑・茶・灰色などに彩色され、多分に絵画的で、一三ページの明治期の実測図と比べると、空間描写としては相当程度デフォルメされている。しかし、この図を作成し販売した

▼尾張屋版・江戸切絵図　江戸麴《こうじ》町六丁目の錦絵双紙屋《にしきえぞうしや》・金鱗堂《きんりんどう》尾張屋清七《せいしち》が刊行した江戸市中《しちゅう》の区分図。一八四九(嘉永二)年から六三(文久《ぶんきゅう》三)年にかけて、二八地域、三一枚の錦絵仕立ての美しい彩色図のシリーズとして完成し、江戸のみでなく土産物《みやげもの》として諸国に普及した。また同時期の類似するシリーズに近江屋《おうみや》版・江戸切絵図がある。

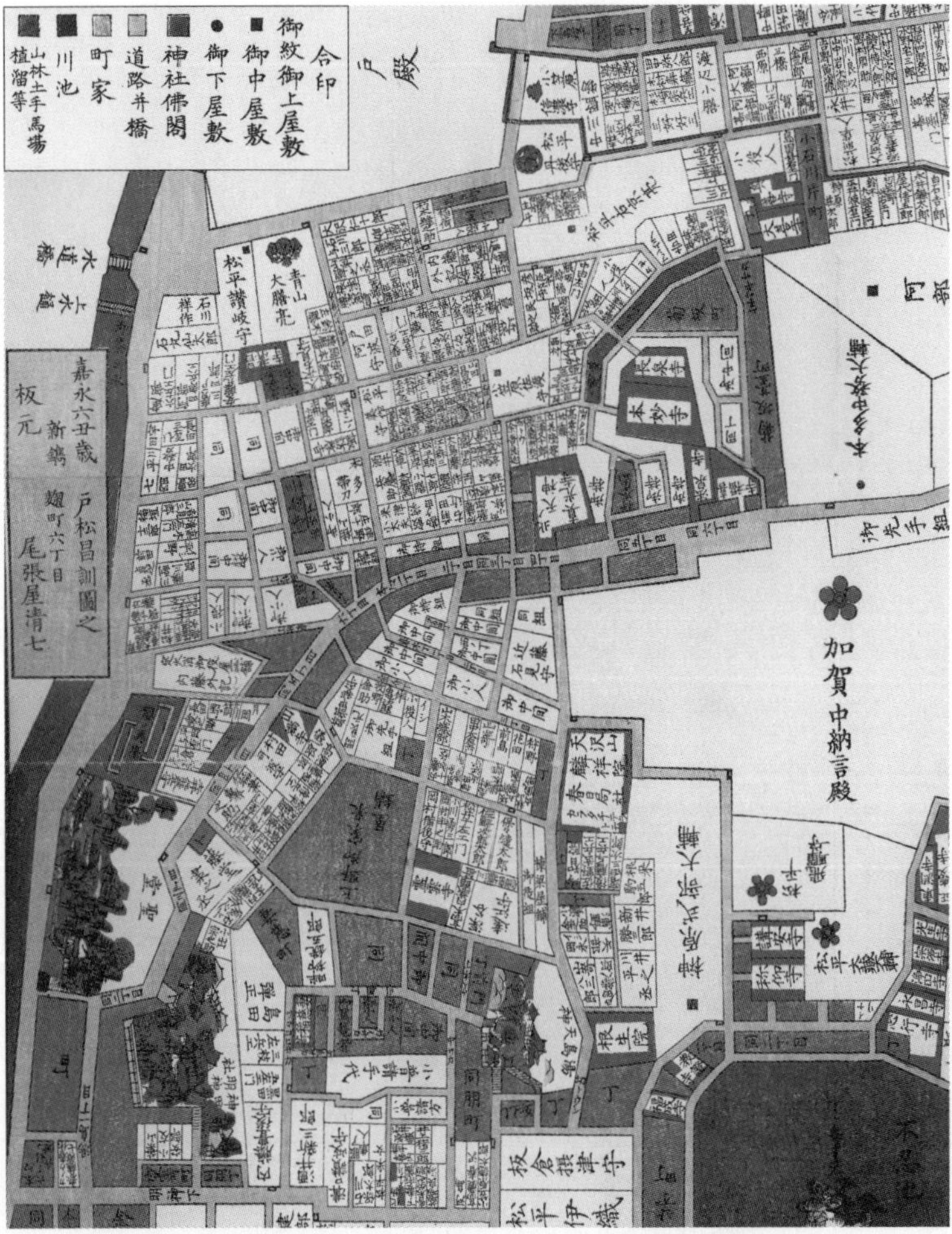

●──尾張屋版・江戸切絵図「小石川・谷中・本郷絵図」部分(1853年)

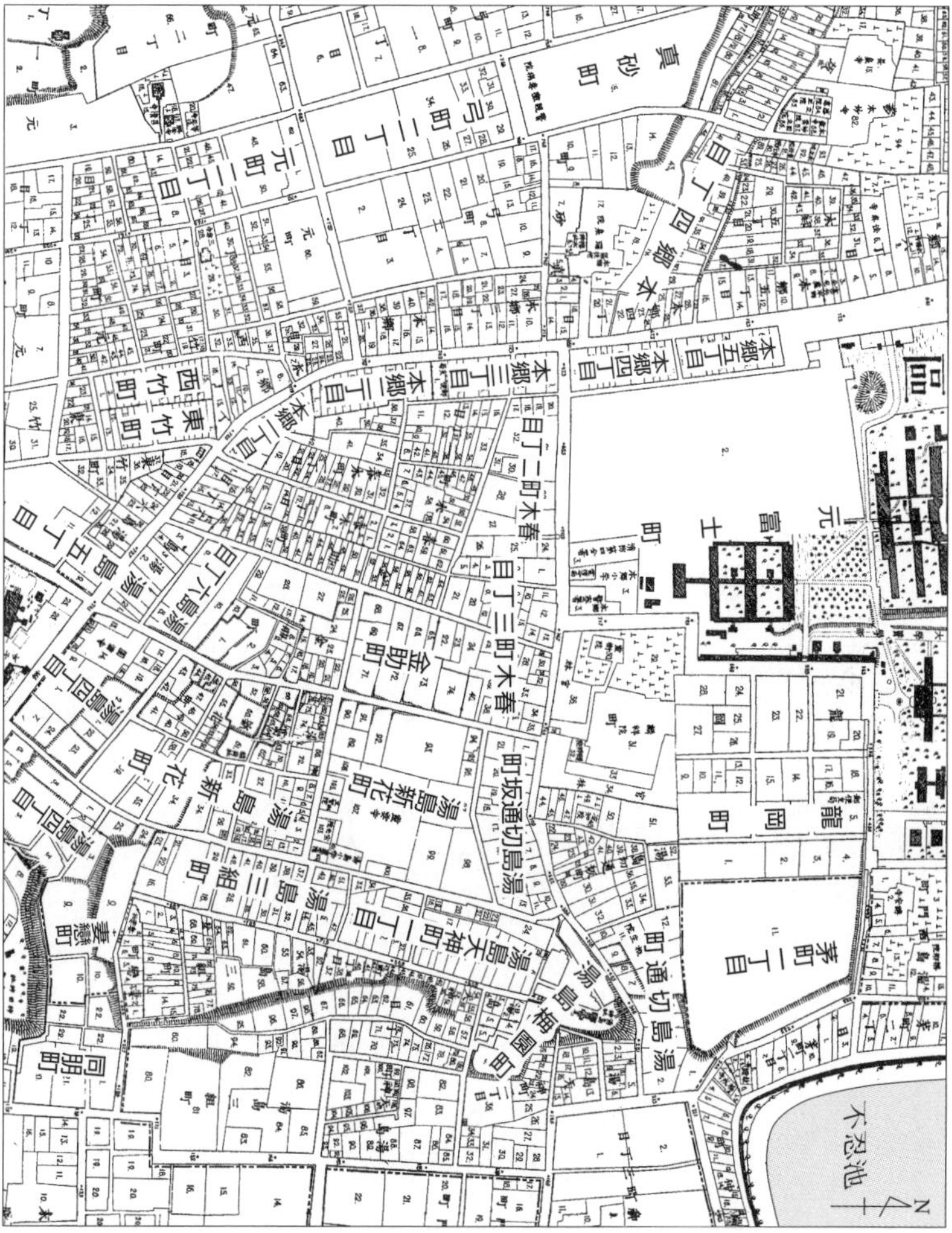

●——内務省地理局「東京五千分一実測図」の小石川・谷中・本郷部分

作者や版元、出版を許可した町奉行《まちぶぎょう》▲、またこれらを購入した人びとを含めて、当時の江戸という都市空間がどのように観念されていたかがうかがえる点で興味深い。

切絵図の凡例にあるように、図で描かれる空間は、a武家屋敷、b神社仏閣、c道路・橋、d町家、e川池、山林・土手・馬場・植溜、の五つに大きく区分され、美しく色分けされている。このうち武家屋敷は、大名《だいみょう》屋敷(上屋敷＝家紋、中屋敷＝■、下屋敷＝●からなる)、多数の旗本《はたもと》屋敷(氏名を記す)、御家人《ごけにん》らの組屋敷(御先手《おさきて》組・小役人・御小人などと組名を記す)の三通りに分類できる。

この地域は江戸城の北方にあたり、外堀でもある神田《かんだ》川を越えて北側の台地上にあたる。図をみると明らかなように、町家は本郷通りから中山道《なかせんどう》沿いや、不忍池《しのばずのいけ》周辺、神田明神《みょうじん》・湯島天神《ゆしまてんじん》・根津権現《ねづごんげん》・白山《はくさん》権現といった有力な神社の門前界隈など、比較的狭い範囲に限られている。こうした数カ所の有力神社や、駒込《こまごめ》・谷中地域にみられる小寺院の集合からなる寺町《てらまち》▲を除くと、残る空間の大半は武家地である。

一八六九(明治二)年のデータによると、江戸城・道路・広場・河川などを除

▼町奉行　江戸町人地の市政を担当する幕府役人。寺社《じしゃ》奉行・勘《かん》定《じょう》奉行とならぶ三奉行の一角で、幕政や司法にも深くかかわった。南北の二人が月番《つきばん》で勤務し、配下の与力・同心や、町年寄《ちょうどしより》・支配名主らとともに江戸町方のあらゆる行政を担当した。

▼寺町　城下町内で、異なる宗派の中小寺院が集中して街区を形成する地区。寺社地の一部を形成するが、大規模な境内をもち、多くの子院をかかえる単一宗派の大寺院とは、その様相が大きく異なる。

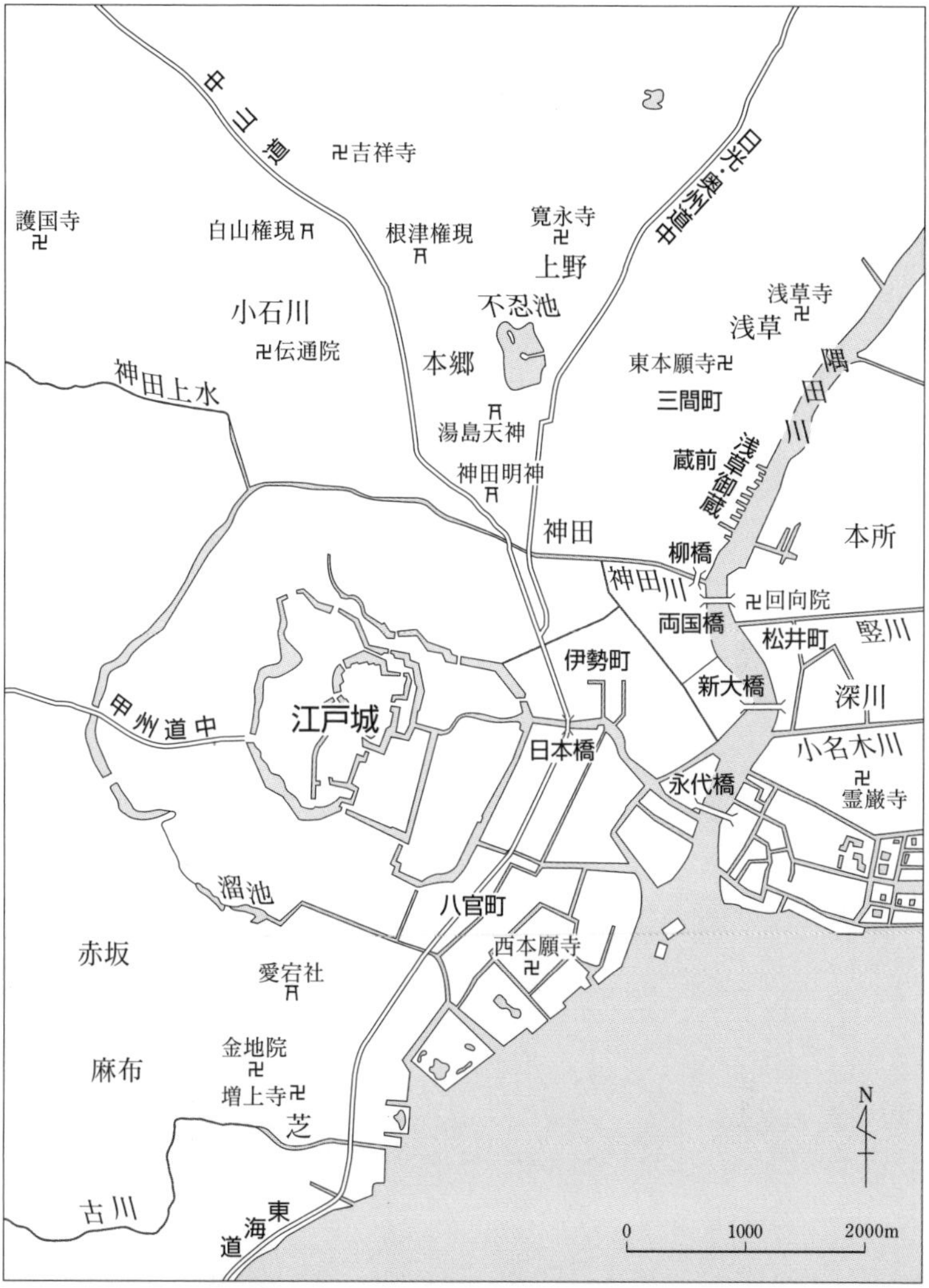
中山道
吉祥寺
日光・奥州道中
護国寺
白山権現
根津権現
寛永寺
上野
不忍池
小石川
伝通院
本郷
浅草寺
浅草
東本願寺
三間町
隅田川
神田上水
湯島天神
神田明神
蔵前
浅草御蔵
神田
本所
柳橋
神田川
回向院
両国橋
松井町
竪川
伊勢町
新大橋
深川
江戸城
甲州道中
日本橋
小名木川
永代橋
霊巌寺
溜池
八官町
赤坂
西本願寺
愛宕社
金地院
麻布
増上寺
芝
古川
東海道
N
0
1000
2000m

●—1860年ごろの江戸

く江戸の都市空間は、武家地一一六九・三万坪(六八・六%)、寺社地二六六・二万坪(一五・六%)、町地二六九・六万坪(一五・八%)の三つに大きく分かれる(宮崎、一九九二)。そしてさらに町地の二〇%は武士が所有しており、江戸全体として、質量ともに武家地が圧倒的な比重を占めたのである。武家地・寺社地・町人地は、いずれも居住空間=屋敷地であることが基本であり、これを、江戸における屋敷地の三形態とみることができる。

そこで、江戸の屋敷地それぞれの空間的な特質を簡単にみておこう。

武家地

幕末期の江戸には二六〇家の大名▲と、九〇二七家の幕臣《ばくしん》▲の家、さらに二七四カ所の与力《よりき》・同心《どうしん》▲の組屋敷が存在した。このうち、武家地面積の六〇%近くは大名屋敷が占めたのである。武家地は売買することや、そこに町人を居住させたり、商売することなどが禁じられていた。しかし、屋敷の所持者が相互に交換する「相対替《あいたいがえ》」という方法で、事実上の売買がかなり進行してゆくことになる(宮崎、一九九二)。また、幕臣や組屋敷などでは、武士の家が地縁的な「町」を形成し、上水・火消・治安などの点で共同性をもつこともあった。

▼**大名**　徳川氏のもとでは、一万石《ごく》以上の知行《ちぎょう》をもつ有力な武家のことを意味する。将軍家との血縁関係、譜代《ふだい》か外様《とざま》か、知行高の規模など多様な指標で類別化された。

▼**幕臣**　ここでは徳川家家臣《かしん》である旗本と上級御家人の総称。旗本は御目見《おめみえ》以上・万石以下の徳川家家臣で、御目見以下を御家人という。

▼**与力・同心**　幕府諸役所・機関で実務を担当する御家人。旗本身分の頭《かしら》のもとで組単位に編成された。騎乗を許された家格《かかく》は与力と称され、配下の同心を差配した。

寺社地

仏閣や社殿などの宗教施設を中心に、僧侶や社家・神官などが居住する屋敷地を包摂する空間を寺社地と呼ぶ。その構成は、拝領地《はいりょうち》・古跡地《こせきち》▲を中心として非常に複雑であった。十八世紀初めの集計では、江戸の古跡寺社は一六七三カ所とされるが、寛永寺《かんえいじ》・増上寺《ぞうじょうじ》・浅草寺《せんそうじ》・東西本願寺《ほんがんじ》など広大な寺領と境《けい》内《だい》をもつ大寺院や、山王社《さんのうしゃ》・神田明神・根津神社・芝神明社《しばしんめいしゃ》などの大規模な神社から、寺町を形づくった小寺院にいたるまで、その形態は多様である。境内地に営まれる門前町屋は、当初寺社地のなかにあって町人の居住空間と化したが、十八世紀中ごろまでに町人地に組み込まれてゆくことになる（金行、二〇〇〇）。

町人地

町人身分の者が居住する屋敷空間を町人地・町地・町方《まちかた》などと呼んだ。町人地は、町《ちょう》と呼ぶ共同体によって構成された。江戸には、十八世紀中ごろまでに約一六八〇の町が存在した。町を構成する最小単位を町屋敷《まちやしき》と呼ぶ。町屋敷は、商人の店舗や手工業生産の作業場、あるいは都市住民の居住空間として用益さ

▼**拝領地・古跡地**　寺社が所有する土地の区分。拝領地とは、幕府や領主が寺社にあたえた年貢《ねんぐ》免除地で、年貢地の対語。古跡地とは、寺社による家作建設が認められた境内地で、添地《そえち》が対語となる。

れた。都市においては、在地社会におけるように土地を介しての固定的な支配は強固でなく、近世の初期から、町屋敷は売買「自由」な土地とされたのである。

こうして江戸の屋敷地空間は、身分ごとに、また社会構造的にも分節化されており、「土地の身分制」とでもいいうる状況にあることが特徴的である。

また、江戸には屋敷地以外にもさまざまな土地空間が存在した。たとえば、街路・広小路《ひろこうじ》(広場・広間)・河岸地《かしち》・海岸地・河川などがそれである。こうした空間では、非人《ひにん》小屋など一部の例外を除いて、家作《かさく》をしたり、居住することが禁じられていたが、江戸の人びとにとって、営業の場として、娯楽の場として、きわめて重要な意味をもったのである。このうち広小路については、②章「両国」で詳しくみることにしたい。

町と町屋敷

ここで町屋敷とはどのような社会＝空間かを少し細かくみてゆきたい。

町は村とならぶ近世社会の基礎単位となる地縁的な共同体であった。江戸の場合、一つの町は空間的に一〇〜三〇カ所の町屋敷によって構成されることが一般的であった。こうして、前述のように、町屋敷は町人地の最小の単位、最小の社会＝空間であり、町人地の社会＝空間のいわば細胞としての性格を有したのである。次ページの図は、一八八〇(明治十三)年ごろの日本橋《にほんばし》中心部のかつての町人地部分に相当する地図であるが、近世の様相をよく残している。ここには、厖大な数の町の一つひとつが個性的な社会をもち、その複合によって町人地が構成されていることが示唆されている。また、町屋敷が、町人地社会の細胞であることも容易にみてとることができよう。

　そこで、細胞としての町屋敷の基本構造をみてみたい。まず、具体例を二つ掲げよう。

　二一ページの図(「三井《みつい》抱《かかえ》屋敷図」▲)は、江戸の三井家が所持した町屋敷の一部である。図は京橋《きょうばし》の八官町《はちかんちょう》(現、中央区銀座八丁目)東側新道南角のもので、間口《まぐち》が京間《きょうま》▲九間《けん》(新道分が三尺《じゃく》引かれ、実際は八間三尺五寸《すん》)、裏行二〇間、沽券《こけん》高一一〇〇両の町屋敷である。この町屋敷は、一六九三(元禄六《げんろく》)年に買得されたものであるが、地主である三井はここを居宅や店舗には使用せず、図にあるように、そのすべてを地貸・店貸《たな》に供し、これを家守《やもり》▲によって管理させたのである。図

▼三井抱屋敷　三井は江戸に多数の町屋敷を所持した。これらは十七世紀末から十八世紀初めに、幕府御用をつとめる担保として集積され、その後は家質《かじち》貸付けの流込み地面が不断に発生し、十八世紀末以降、その累計数は常時八〇〜一〇〇カ所におよんだ。

▼京間　一間＝六尺の田舎間に対して、一間＝六尺五寸とするもの。

▼家守　家主《いえぬし》・大屋《おおや》ともいう。地主不在の町屋敷を管理し、町の運営に携わる職分。近世後期の江戸には二万人もの家守が存在した。

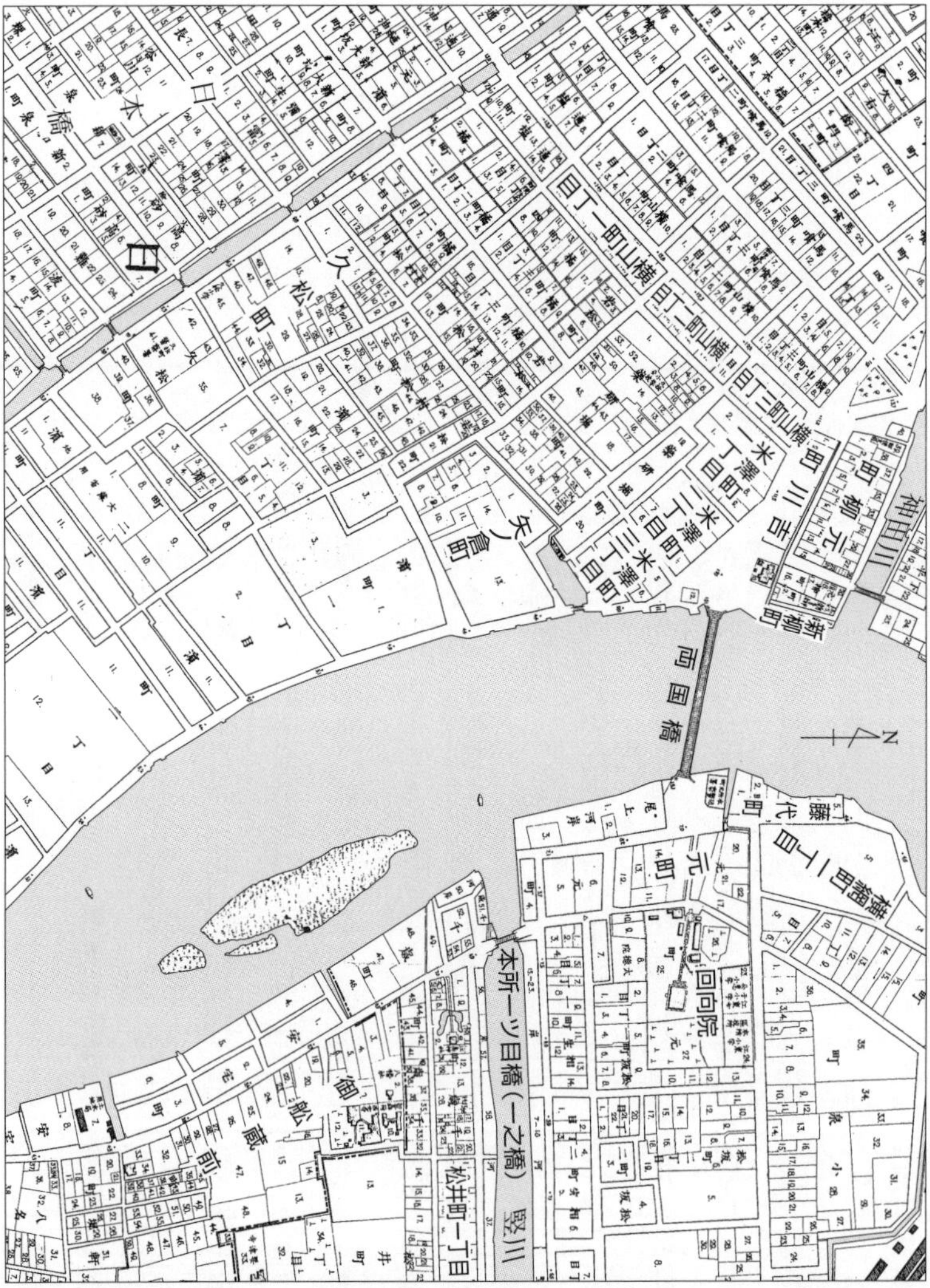

●──1880(明治13)年ごろの両国橋付近(内務省地理局「東京五千分一実測図」による)

●八官町の三井抱屋敷　表間口京間九間、裏行二〇間（「三井抱屋敷図」による）。

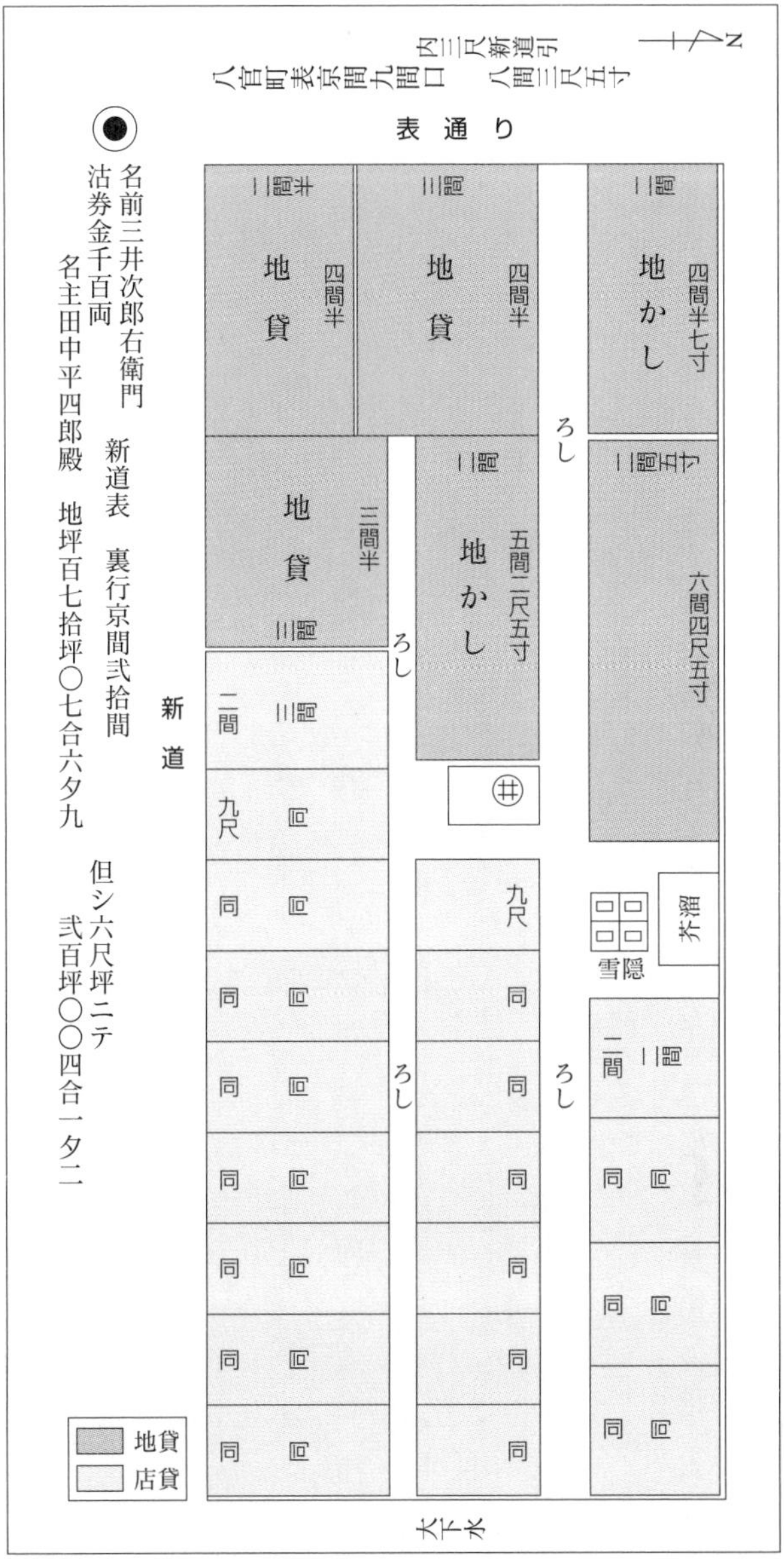

地貸・店貸区画の間数は，間口・奥行の長さを示す。間口記載の部分が，それぞれの表口に相当する（23ページ図も同じ）。

では表通りに面する三軒を中心に、地貸が六軒、店貸が二〇軒(うち、画面左＝南側の九軒は新道に面する)あり、とくに店貸のほとんどは、間口九尺×二〜三間か、二間四方の狭小なものである。また路地の奥には井戸と芥溜《あくただめ》が一カ所ずつ、雪隠《せっちん》が四カ所みえる。

もう一つの図(次ページ参照)は、伊勢《いせ》町(現、中央区日本橋本町二丁目)東木戸《きど》より四軒目の間口京間一二間・裏行二〇間の町屋敷である。これは一六九二(元禄五)年に二五〇〇両で買得された。その内部構造は、南側の表通り沿いに地貸四軒、北側河岸通り表に地貸一軒と店貸五軒、内部に店貸七軒と地貸三軒(一軒は空き地)となっている。井戸・芥溜・雪隠も同様に描かれている。この町屋敷で特徴的なのは、北側の河岸通りを挟んで、入り堀に面し、河岸地に揚場を有し、また四軒の貸土蔵《かしどぞう》がみられる点である(岩淵、二〇〇三)。つまりこの町屋敷においても三井の家守をとおして地借・店借から地代・店賃・蔵敷《くらしき》を収取する経営、すなわち町屋敷経営が行われたことが明らかである。

右の事例を参照しながら、町屋敷という土地片がもつ特徴をまとめると、つぎのようになる。

●伊勢町の三井抱屋敷　表間口京間一二間、裏行二〇間（「三井抱屋敷図」による）。

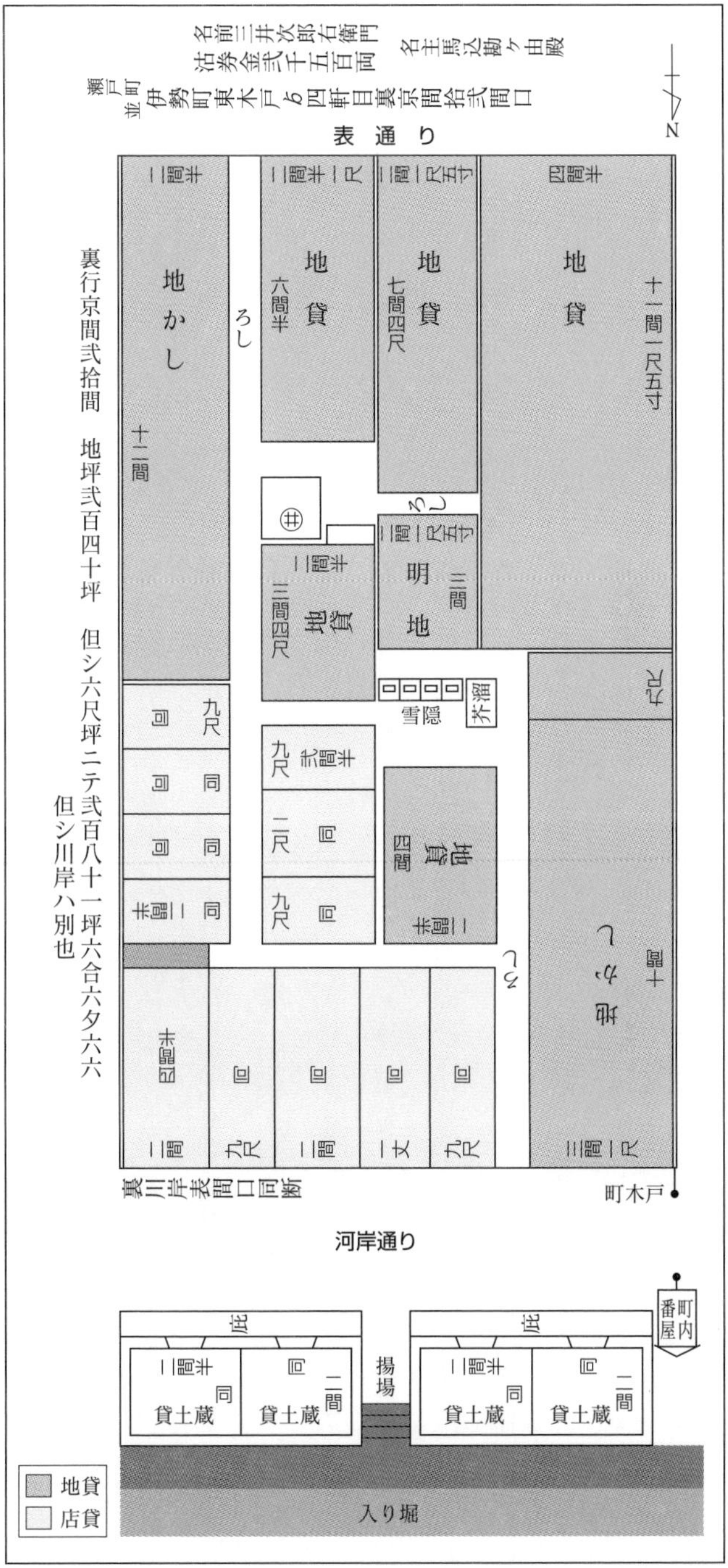

(1)沽券高　町屋敷の空間は、量的には表間口と裏行・坪数で示され、またその質は沽券金高によって表現される。沽券金高とは、町屋敷の売買価格であるが、取引時点での価格と、現状での価値とのあいだには乖離《かいり》が生じ、近隣の取引相場価格に準じて評価額が定められることがあり、これを「当時町並値段」といった。また間口一間当りの沽券金高を小間高《こまだか》といって、地価表示の指標とされた。そして、町内の町屋敷沽券金高の総計は、町の格を表示するものとされて、村の村高のように扱われることもあった。

(2)表と裏　町屋敷の空間は、表と裏に大きく区分される点が重要である。表は通りから裏側にほぼ四〜五間ほどの地帯であり、その多くは地貸された。この部分の賃借人を表店《おもてだな》という。表店は商人の営業店舗の場、あるいは職人親方の作業場空間であり、相対的に高額な地代が求められた。この地代は表坪《おもてつぼ》といい、坪当り一カ月分の地代で表示された。

一方、裏は通りに直面しない町屋敷内部の空間である。裏の地借・店借人は裏店《うらだな》と呼ばれ、居所に特化した空間であり、そこでの営業は原理的に禁止された。一カ月分の坪当り単価は裏坪《うらつぼ》と呼ばれ、これは表坪の二〜四

●─町屋敷における表と裏

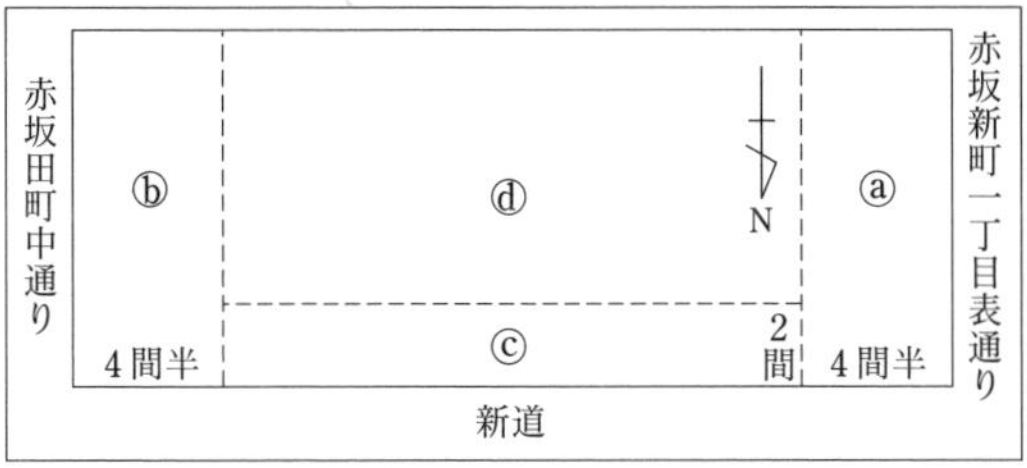

赤坂新町1丁目の御家人・三宅十太夫が所持していた町屋敷。西側が表通り，東側が裏通りで，両側ともⓐ・ⓑが表の部分となる。また新道に面するⓒも新道表となり，残るⓓが裏に相当する。

	地位	1カ月分 1坪当り地代	坪数	沽券金高	1坪当り 沽券金高
		匁	坪	両永　文	両永　文
ⓐ西表坪	上々	2.0	45.69	169,392.4	3,707.4
ⓑ東表坪	上	1.8	45.69	158,096.3	3,460.2
ⓒ新道表坪	中	1.2	39.43	97,463.0	2,471.8
ⓓ奥坪	下	0.7	164.83	305,563.9	1,853.8
合　計			295.64	730,515.6	

［吉田，1991］参照。

左表は，上図のⓐ〜ⓓについて，土地のランクや地代，地価（沽券金高）を概算したもの。こうして町屋敷全体の価格が算定される。

●─1853年，江戸町方の概況

名主番組	該当地域	a 町数	b 沽券地数	c 地主数	d 居付地主数	e 家主数	d/c
			カ所	人	人	人	%
1	日本橋辺	83	1,010	764	100	833	13.1
2	横山町辺	89	912	767	99	841	12.9
3	浅草辺	97	1,442	962	328	1,123	34.1
4	通丁辺	45	422	346	34	425	9.8
5	南伝馬町辺	40	421	339	47	417	13.9
6	銀座辺	60	618	489	82	555	16.8
7	八丁堀・霊岸嶋辺	62	674	504	104	569	20.6
8	芝　辺	60	746	534	133	535	24.9
9	芝金杉辺	116	1,635	1,180	496	1,273	42.0
10	高輪・麻布辺	61	889	790	402	664	50.9
11	神田辺	55	740	578	69	590	11.9
12	外神田・下谷辺	59	462	322	79	561	24.5
13	神田明神下・本郷辺	95	968	762	211	944	27.7
14	小石川辺	136	1,208	1,445	473	1,173	32.7
15	市谷・赤坂・四谷・牛込辺	160	1,651	1,196	448	1,651	37.5
16	両国辺	67	261	174	59	275	33.9
17	深川辺	107	1,442	1,064	210	900	19.7
18	本所辺	58	793	545	186	463	34.1
19	芝二本榎・目黒辺	22	122	103	81	233	78.6
20	牛込・高田辺	72	724	608	383	683	63.0
21	浅草阿部川町辺	68	59	34	12	142	35.3
番外	品　川	18	195	161	105	167	65.2
〃	新吉原	7	203	155	53	135	34.2
	合　　計	1,637	17,597	13,822	4,194	15,152	30.3

b：町屋敷のうち，沽券地のみ。このほか，拝領町屋敷が存在する。『東京市史稿』市街篇43巻による。

割ほどとかなり低額であった。また裏店には零細な規模の店借が多く、居住者の大半は民衆世界に属す人びとであった。これら裏店の民衆は、内職を除けば、町屋敷の裏からその外部にでて、営業・仕事に従事することになったのである。手間取りの出職・棒手振《ぼてふり》▲・日雇い・床店《とこみせ》・葭簀張《よしずばり》▲などの零細店舗営業などがその代表的なものである（二八～二九ページ写真参照）。

⑶表坪・裏坪という町屋敷の一坪当り一カ月分地代は、一方で「当時町並値段」など、町屋敷の地価相場算定の基準としても用いられた。

⑷前ページの表にみられるように、とくに江戸中心部の町人地では、居付地主が一〇％前後と、町屋敷の地主の大半は不在であった。これは、三井など他国、とくに上方《かみがた》や伊勢の大商人や、江戸近郊の在地社会居住の豪農層による大量の町屋敷集積がみられたことによるものである。こうした地主の不在を代替するのが、家守である。家守は地主による土地経営を代行し、現在のアパート・マンション経営やビル経営の前期的な形態ともいえる町屋敷経営を担う。町屋敷における地代・店賃《たなちん》上り高から、町入用《ちょういりよう》▲・七分積金《しちぶつみきん》▲・家守給金▲などを差し引いた残り（全《まったく》上り高という）が地主の取得となる

▼**棒手振**　天秤棒《てんびんぼう》を商い道具として、市場や問屋で仕入れた生鮮食品や日用品を売り歩く零細商人の総称。

▼**床店・葭簀張**　非常設の仮設店舗・露店。床店は板葺《いたぶ》きの屋根や床を有すものをいい、また葭簀で日除けする簡易なものをいう。

▼**町入用**　町の収支会計。町が雇う者の給金《きゅうきん》、町の木戸・番屋《ばんや》などの建設・維持費、祭礼・事件の経費など支出は多様である。町屋敷の間口規模に応じて、町内の地主がその経費を負担する。

▼**七分積金**　後述の江戸町会所を運営する経費を捻出する仕組み。町入用を節約させ、減額分の七割を積金として地主から町会所に上納させた。

わけだが、町屋敷の維持費、長屋《ながや》の普請《ふしん》・修復に関する諸経費の出費は多額となり、とくに火災による類焼の頻度も非常に高く、必ずしも割りのよい経営とはいえなかったのである。

町屋敷の価値評価

町屋敷は頻々と売買や質入れの対象とされたが、ここで、物権としての町屋敷がどのように評価されたかを二点の史料からみておきたい。

一つは、江戸町会所・一八〇四(享和《きょうわ》四)年「沽券地家質《かじち》・拝領地貸付見分《けんぶん》心得書」(『東京市史稿』救済篇二巻)である。江戸町会所は、寛政《かんせい》改革の目玉として一七九一(寛政三)年末に設定された一種の社会政策システムであり、天明大飢《てんめいだいき》饉《きん》▲や江戸打ちこわし▲を教訓として、貧民のために米や金を備蓄する社倉《しゃそう》を設立・運営する機関であった。江戸町会所は、平時においても貧しい人びとを救済したが、他方で備蓄した七歩積金を低利で貸しつけ運用するシステムを同時に設けた。これを町会所金貸付といい、主たる貸付対象は、江戸市中の場末《ばすえ》小地主や、とくに幕府御家人層が多かったのである。この貸付けは、町屋敷を担

▼**家守給金**　地主が家守に支払う給料。一年間数両程度。家守の収入は、このほかに下掃除代(糞尿の販売代金)やさまざまな付届けなどがあり、これらは給金の数倍に達した。

▼**天明大飢饉**　天明年間(一七八一〜八九)に連続的に起こった全国的飢饉。奥羽《おうう》を中心に多数の餓死者をだし、一揆《いっき》や打ちこわしが頻発した。

▼**江戸打ちこわし**　一七八七(天明七)年五月二十〜二十三日に江戸全域で発生した激しい打ちこわし。都市民衆が各所で米屋・質屋・酒屋などを襲い、江戸市中は麻痺《まひ》状態に陥った。幕府に大きな衝撃をあたえる政治事件となり、寛政改革の引き金となった。

が群集する（広重「東都名所高輪廿六夜待遊興之図」）。

●――室町《むろまち》2丁目における木屋幸七の店舗普請現場で働く鳶《とび》の日用人足たち（「熙代勝覧」）。

●――東海道沿い高輪《たかなわ》界隈の海岸地にならぶ床店や葭簀張　二十六夜待で人びと

●――室町１丁目界隈の前栽《せんざい》売の棒手振たち　路上の青物市で荷を仕入れ，これから各所を売り歩く(「熙代勝覧」)。

保とし、町人には家質▲、御家人らには地代店賃を引当てとする拝領地貸付けが実施された(吉田、一九九一)。

この史料は、こうして町屋敷を担保とする貸付けを町会所が実施する際に、町会所の担当者(勘定所御用達《かんじょうしょごようたし》と座人《ざにん》)が町屋敷の評価をどのようにするかのマニュアルとして作成されたものである。そこで指標とされたのは以下のような諸点である。

(1)沽券金高の高下　町屋敷購入時の値段だけでなく、今売却したらいくらで売れるかの見積もりを行い、評価額よりは内輪の額を貸しつけること。

(2)家作の善悪　市中の中心部は地価が高いので家作はあまり問題とならないが、場末ではたとえよい家作でも、火災などがあれば更地になって土地だけでは貸付金を回収できなくなる。地主の商売のようすをよく確かめて、また地主住居だけの家質は、滞ったときに地代店賃を回収できないので、とくに注意すること。

(3)土地の盛衰　中心部の町か、船着き便利のところか、諸国商人が多く入り込むところかを勘案すること。神社仏閣や武家屋敷の近辺で繁華にみえ

▼**家質**　町屋敷のうち、沽券地を担保として行われる貸付け。債務期間中、債務者である地主は債権者に利息を支払うが、返金不能に陥ると、担保の町屋敷は債務者のものとなり、これを流地《りゅうち》と呼んだ。

ても、たびたび類焼でもすれば衰微するので気をつけること。また場末や拝領地の場合には近隣の景気もよくみて貸しつけること。

(4)貸付金分量　沽券地の場合、場所のよいところでは、地代手取りが五〇両なら、地価は一〇〇〇両の評価となり、店賃のみ五〇両なら六〇〇両くらいが相場である。この評価額の三分の二を目途に貸しつけること。

(5)年賦成崩し　拝領地の貸付けは年賦貸付けであり、三年賦なら三年分、五年賦なら五年分にわたる地代店賃上り高の手取り(全上り高)を見積り、その三分の二を目当てとして貸付高を決めること。拝領地主の住居だけの町屋敷には、沽券地と違って貸付けは行わない。

(6)地所の位　場末の小地面では、居住者もその日稼ぎの者が多く、店賃の滞納も多いので、貸付高は内輪に見積もること。

(7)家作新旧　新築ではあっても、平家《ひらや》か二階家か、茅葺《かやぶ》き・柿葺《こけら》き・桟瓦葺きのいずれか、上り高は近隣と比べてどうか、井戸・雪隠の場所、日当り、洗濯物干場の有無、などをよく検討すること。

(8)借人善悪　地主の商売は相応であっても、店借人の家業が不分明であったり、住居者が困窮者ばかりだったりして店賃の取立てに困ることになるので留意すること。

(9)上り高見積もり　地代店賃を借主側の申告どおりにせず、借家の状況や明店《あきだな》のようすをよくみて貸付額を見積もること。

以上(1)〜(9)を総合的に勘案して、町会所金の貸付けの可否を判断し、貸付額を算定したのである。これらは、貸付金の回収をスムーズに行うことと、かりに返済が滞り、担保である町屋敷が町会所の管理下にはいった場合に、町会所の手で町屋敷経営を行い貸付金や利息分の回収を行うことになり、その場合に備えて、こうした町屋敷評価の基準を設けたのである。そしてここでの評価基準のありようは、そのまま町屋敷の価値が当時どのように評価されていたのかを示すものといえるだろう。

町屋敷の「市場」

もう一つの史料は、喜多村壽富《きたむらひさとみ》「家訓永続記《かくんえいぞくき》」である(岩淵、一九九七)。これは下総《しもうさ》・関宿向下河岸《せきやどむこうしもがし》(現、埼玉県幸手《さって》市西関宿)の豪商、干鰯《ほしか》▲問屋喜多村藤蔵《とうぞう》

▼干鰯　鰯《いわし》・鰊《にしん》を乾燥させた魚肥《ぎょひ》。魚油搾出後の〆粕《しめかす》とともに、干鰯問屋の手で全国に肥料として流通した。

「家訓永続記」

家七代・壽富（一七八五〜一八六〇）が、嘉永年間（一八四八〜五四）に子孫のために書き残した家訓である。喜多村家が存在した関宿向下河岸は、譜代大名久世《くぜ》家の城下町・関宿の一部を構成した。そしてこの河岸は、利根《とね》川・江戸川水系の枢要の位置にあり、江戸と奥川筋と呼ばれる内陸部を結ぶ河川舟運の重要なポイントを構成したのである。喜多村家は関宿藩御用達をつとめ、十八世紀末からは江戸に進出し、壽富のときに江戸で干鰯問屋の経営を成功させ巨大化し、江戸中心部に三十数カ所もの町屋敷を集積するにいたった。

現在、喜多村家の文書は分散してしまい、この「家訓永続記」はたまたま東京大学経済学部図書館が所蔵していたものを、岩淵令治氏が紹介したものである（岩淵、一九九七）。以下、喜多村家に関する岩淵氏の研究（岩淵、一九九六）も参照しながら、この史料をみてゆこう。

この「家訓永続記」という全一〇巻からなる厖大な家訓の九巻に「江戸地面買求候砌心得事《そうろうみぎり》」という部分がある。これは江戸において町屋敷を「買取」ったときの経験を踏まえ、壽富が子孫に町屋敷買得に際しての手続きマニュアルを示し、留意すべき点を教えるものである。

以下、その内容をいくつか摘記してみよう。

(1)地面売買の口《くち》(工)入人《いれにん》世話人という者がいる。この仲間において「売地所」に関する情報がでると、口入人から買取希望者のところへ「端書《はがき》」による打診がある。その内容は、町屋敷の所在場所、位置、間口・裏行、河岸地の有無、一年分の入用額、売渡し価格、家質の有無などである。これは当の家守には隠しておくのが通例である。

(2)もしその地面を買う意志があれば、まずその家守には内緒で「内見分」をすること。表裏(表店と裏店のようす)を一とおりみる。もし家守に気づかれ、とがめられたら、「売地の情報をえたので内々に見にきたのだ」と断わればよい。

(3)もしその物件を気にいれば、口入人から町屋敷の絵図面を取りよせ、その絵図と対照しながら改めて現地でよく調べること。そのときに、地代店賃や町入用・七分積金の額を「押切帳《おしきりちょう》▲」で確認すること。また「御祭場所▲」か、大年番《おおねんばん》▲がいつあたるかなどは値引きの理由となるので確認すること。

(4)契約の前に売主から家守に連絡してもらい、その後家守のところにいって

▼**押切帳**　町屋敷を管理する家守が、町屋敷からの地代店賃収入やさまざまな支出などを記述した帳面と推定される。

▼**御祭場所**　山王祭礼・神田《かんだ》祭礼などに際して、これに参加する氏子町《うじこちょう》の一部が「付祭り《つけまつり》」と称して、通常の山車《だし》のほかに、踊屋台をしつらえ、地走りなど芸能興行的な企画を行った。氏子町に順番に割りあてられ、多額の経費は地主たちの負担となる。

▼**大年番**　天下祭を運営する運営組織の中心メンバーのことか。

▼**五人組**　家守の五人組。近隣町屋敷ごとに編成される。本来は家持町人が構成員であるが、江戸では家守がメンバーとなる。

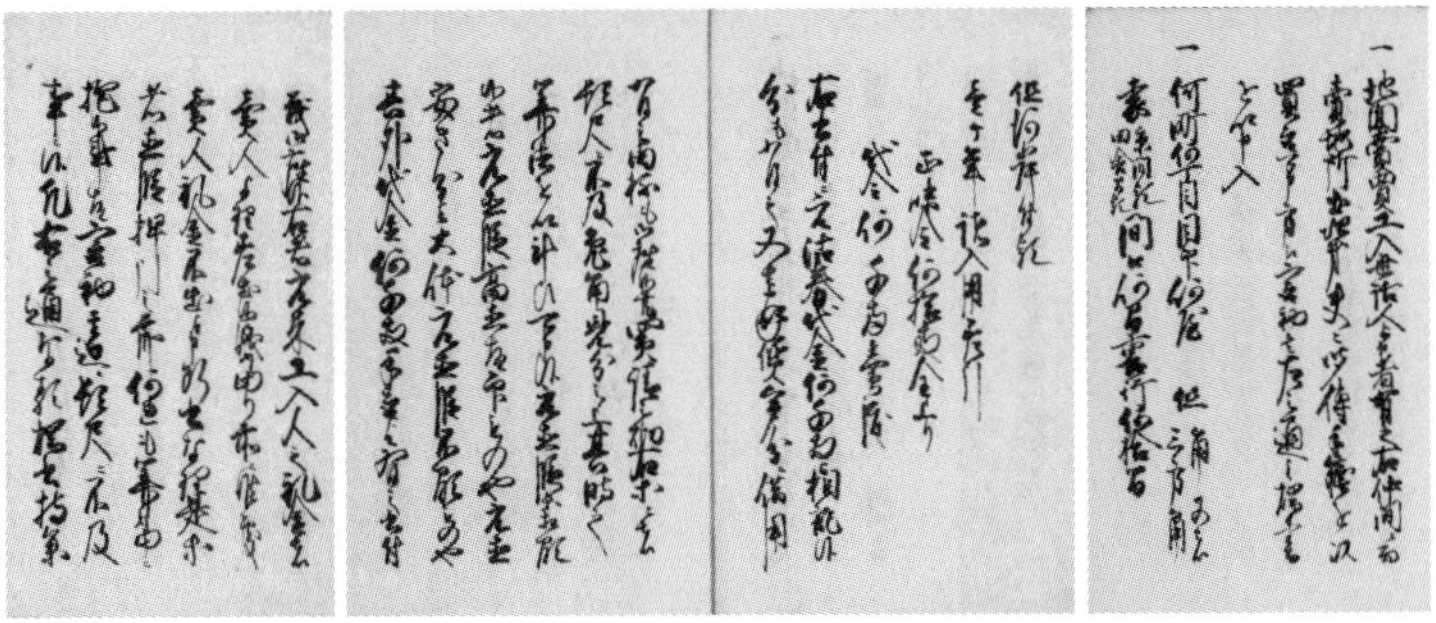

●──「家訓永続記」九巻

上り高などにまちがいはないかどうかを確認し、また「準役」（地主が変わっても引き続き家守を勤めること）を願うかどうかを聞くこと。このときに手前の「家風」を説明し、これを了承すれば準役を認めることを伝える。

(5)このうえで、買取りの代金を取り決め、売主のところにいって手付け金を渡す。普通は代金の二〜三％である。代金や上り高を再確認し、手付け金の受取書をとる。このときに「玄関取引」（支配名主の家で正式な売買契約を結ぶこと）の日時を決め、双方から名主へ届ける。当日までの売主との細かい打合せは口入人に委ねる。

(6)町内への「売買弘め」については、その作法などを事前に家守に聞いておくこと。

(7)先方の町内の沽券台帳へ記載する下書きを、手前の沽券状の控えと比べて十分チェックし、問題がなければ、沽券状の用紙をそえて作成を依頼する。これが完成したら事前に一字ずつ熟覧してチェックすること。

(8)契約当日、買手は売主の家守宅にいき、一緒に名主《なぬし》宅へ向かう。買主・名主・五人組《ごにんぐみ》▲・売主・親類など、みな羽織・袴で立ちあい、買主は上席に、

▼**水帳**　土地台帳としての検地《けんち》帳《ちょう》のこと。都市部では屋敷地のみの記載となる。

▼**町法**　町の構成員が遵守すべき取決め。町掟《おきて》・町式目《しきもく》ともいう。

▼**月行事**　町を運営する家守の代表者。二人からなり、月番でつとめる。

売主は末席に座る。そこで金子《きんす》を渡し手付け金の受取りを確認しながら、沽券状を受け取ること。沽券状は持参した箱にいれること。町の水帳《みずちょう》▲や町法《ちょうほう》▲に印鑑が必要なので、実印を持参すること。また、もしその町屋敷が家質に入っている場合には、債権者が立ちあう。

⑼当日には、弘め金（包物）を家守に渡す。取引後、買主は上下《かみしも》を着て、町内の書役《かきやく》を案内人とし、名主・五人組・居付地主へ近づきの挨拶にまわる。このとき、町の月行事《がちぎょうじ》▲へ分一金（買取り額の二％）を渡し、受取書をとる。

⑽取引のときには、売主から「どうか家守を準役としてください」と挨拶があるのが通例である。名主からも同じようにいわれることもある。その地面を買ったからといって、家守をこちらの勝手で交代させたりするのは容易なことではない。家守とは、地代店賃納入について細かく相談し、のちに家守請状《うけじょう》を取り交わすこと。

⑾口入人への礼金は代金の三％ほどで、本来は売人の負担であり、これを「本札」という。額に決りはなく、一％ですむこともある。口入人はだいたい三～四人がその配分に加わる。

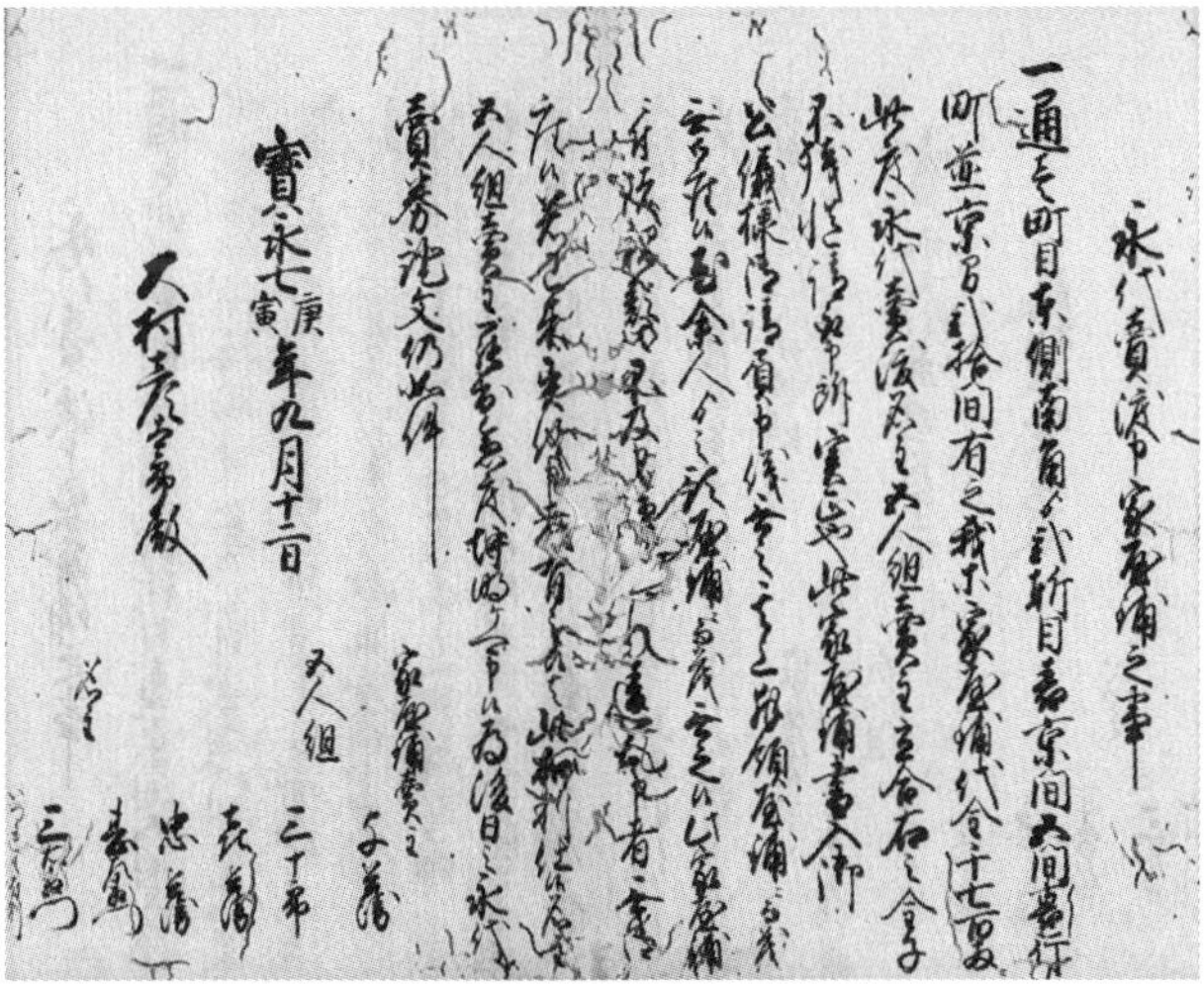

●──1710(宝永７)年の沽券状写　通１丁目東側南角から２軒目の，間口京間５間・裏行20間の町屋敷を，与兵衛が大村(白木屋)彦太郎に1,700両で売った時の沽券状写(東京大学経済学部文書室蔵・白木屋文書)。

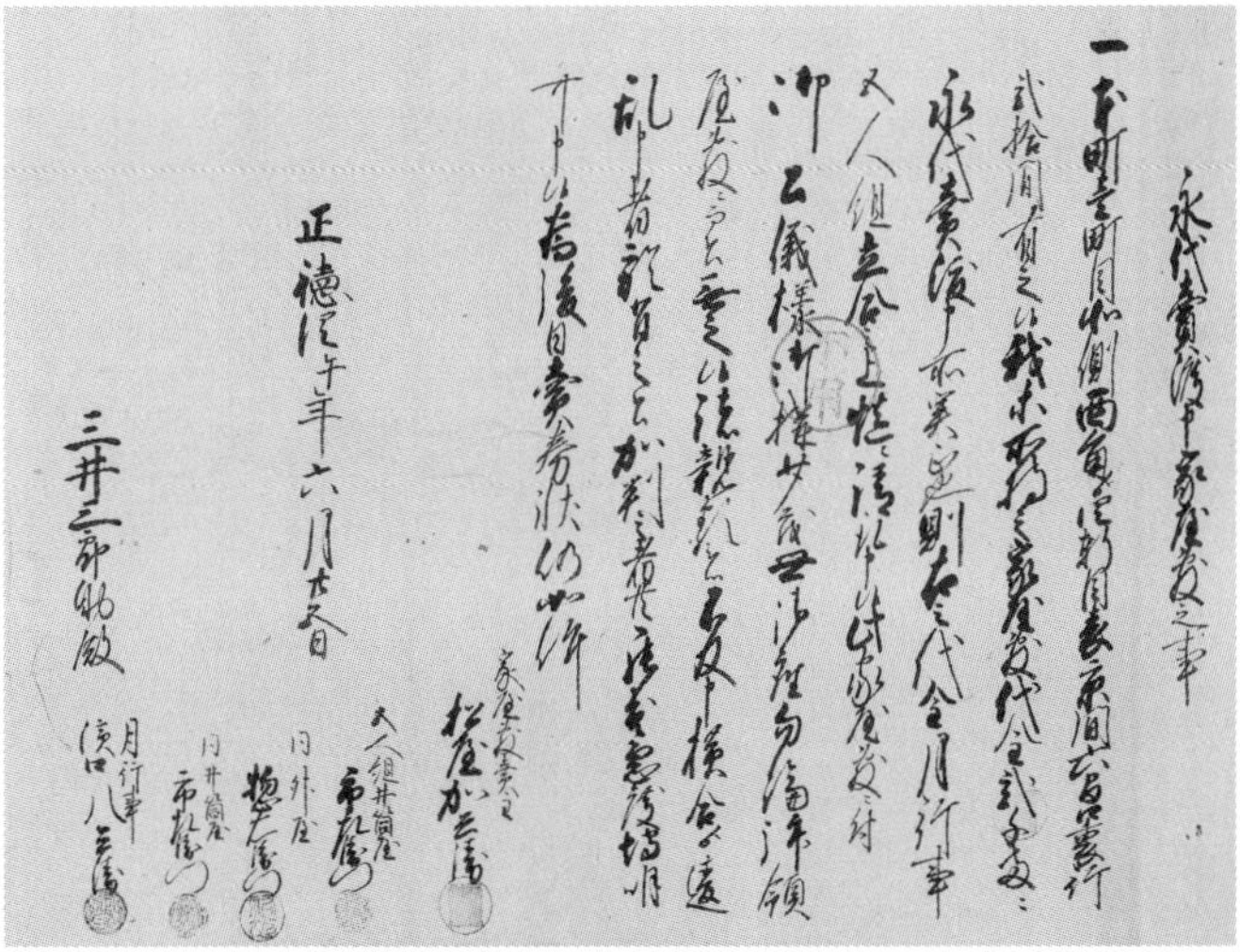

●──1714(正徳４)年の沽券状　本町１丁目北側西角から４軒目の，間口京間６間・裏行20間の町屋敷を，持主の松屋加兵衛が，三井三郎助にあてて2,000両で売却した時のもの。松屋の五人組である井筒屋市左衛門ら３人と，本町１丁目の月行事が加判している(三井文庫蔵)。

この詳細なマニュアルはさらに続くが、実際の取引の経験を踏まえたリアルで具体的な内容である。右で注目される点をまとめると、とりあえずつぎの二つとなろう。

第一は、町屋敷売買にかかわる口入人とその仲間の存在である。彼らは町屋敷＝不動産売買をめぐり、三〜四人がグループとなって売買情報を提供し、土地価格の三％の礼金をえ、これをグループ内で配分しあうという形で、町屋敷売買の取引の場、すなわち「土地市場」を構成していたことが想定できる。口入人仲間とあるように、彼らは江戸全域におよぶ共同組織を形成し、町屋敷の売買物件情報を相互に交換していたのである。関宿の豪商・喜多村家の例からもうかがえるように、その活動は江戸内にとどまらず、相当広域におよんだのではないだろうか。

ただし、その実態はまだ未詳であり、専業なのか、他の職種との兼業なのかもよくわからない。株仲間《かぶなかま》▲などの諸共同組織にはこうした口入人仲間は確認できないので、公法的にはインフォーマルな集団であると考えざるをえない。あるいは、町屋敷の情報にもっとも近いところにいる一部家守層の兼業という可

▼**株仲間**　幕府に冥加金《みょうがきん》などを上納することを条件に、営業特権を仲間として保持することを公認された、問屋・仲買・職人などの共同組織。

能性もあるのではないか。というのは、本来こうした役割は、支配名主や家守によって担われたと推定できるからである。少なくとも十九世紀中ごろまでには、口入人仲間を中軸とする土地市場が事実上形成されていたととりあえずは推測することができる。

第二は、町屋敷売買の歴史的な性格という点である。右で述べたように、江戸とその近郊には、事実上の土地取引の市場が形成され、町屋敷は相当程度商品化を実現していた。しかし、これを土地市場の自由な展開、あるいは商品化の昂進という面でのみ評価するのは一面的だと考える。というのは、「自由な取引」とするには、多くの阻害・拘束要因が存在するためである。

一つは、「土地の身分制」が厳存することである。前述したように、江戸の土地空間の八〇％以上は武家地・寺社地で、町屋敷空間は一部に限られていたのであり、江戸の土地市場とはいっても、その空間的な限定は大きな障害であった。

二つめは、町屋敷の人格性という問題である。これは、町屋敷地主の土地所有観念が、現代の資本家などとは相当異なり、土地を単なる物件、商品とするには強い抵抗があったことによる。つまり所有者の身体の延長として、屋敷地は強い人格性をおびたということである。こうした土地の人格性は、現代の勤労者である住宅地所有者の土地所有観にむしろ近いのではなかろうか。少数ではあるが、草創《くさわけ》地主と呼ばれ近世前期からの家持として継続してきた地主層においては、なおさらであったとみられる。

また三つめには、町屋敷の利用が権力や町中《ちょうじゅう》によって拘束され、自由な土地用益が大きく規制されるという点があげられよう。町中と呼ばれる共同体による土地取引への関与・制約が、町法による他者流入の規制・排除とあいまって大きな拘束力となる。さらに、町では家守の町屋敷への関与が大きい。売買によって地主が変わっても「準役」を求め、これを容易に無視できないことに象徴されるように、家守が町屋敷取引に深くかかわり、これに寄生してその地位を利権化・株化させているという状況が、土地取引の自由を妨げる大きな要因となっているのである。

土地の商品化

人びとの大地との関わりを土地の商品化という観点からみると、江戸では十八世紀後半から十九世紀初めにおいて、ほぼ以上のような状況を到達点とみることができよう。全体的には土地と人の関係が、相互に密接で癒着している段階から、その分離へという方向性をたどったといえるが、町屋敷の商品化はそうした動向をみる指標として注目されるのである。

近代の東京にいたると、まず武家地・寺社地が急速に解体され、「土地の身分制」が一挙に止揚され、旧武家地を含めて人格性が払拭され、モノとして均質化された土地の自由な売買市場が形成されてゆくことになる。また、家守が廃止され、各町の拘束力が弱体化するなど、土地取引をめぐる拘束要因も消滅してゆく。これらは全体として、町人地による武家地・寺社地の併呑《へいどん》による都市全域の町人地化ということができ、と同時に都市域を越えて、田畑や山野を含むあらゆる土地が商品化する方向へと転轍《てんてつ》する画期ともなったのである。

②——両国の章

失われた盛り場・両国

①章では、江戸町方《まちかた》における家屋敷地＝町屋敷を素材に、大地の商品化の動向を検討してみた。しかし江戸の都市空間は、①章でもふれたように江戸城や武家地・寺社地・町人地のみで埋めつくされるのではない。これ以外にも、道路・広小路《ひろこうじ》・河川など、水陸の空間要素がまだ多様に存在し、そこには独自の社会＝空間が形成されたのである。本章では、両国《りょうごく》という、江戸最大の盛り場を取り上げて、河川や広場・広小路を中心とする社会のありようを垣間みてみよう。

二十一世紀に生きる「江戸」の象徴的存在である大相撲《おおずもう》のメッカ、両国国技館。巨大自治体・東京都がＪＲ総武《そうぶ》線両国駅の脇で経営する近世・近代中心の都市史展示を軸とした江戸東京博物館。両国の名はこうして、江戸のイメージとごく近いところにある。両国という名称は、今では両国駅をはじめとして、隅田《すみだ》川を渡る両国橋、墨田《すみだ》区の町名・両国一～四丁目、両国高校・中学・小学校な

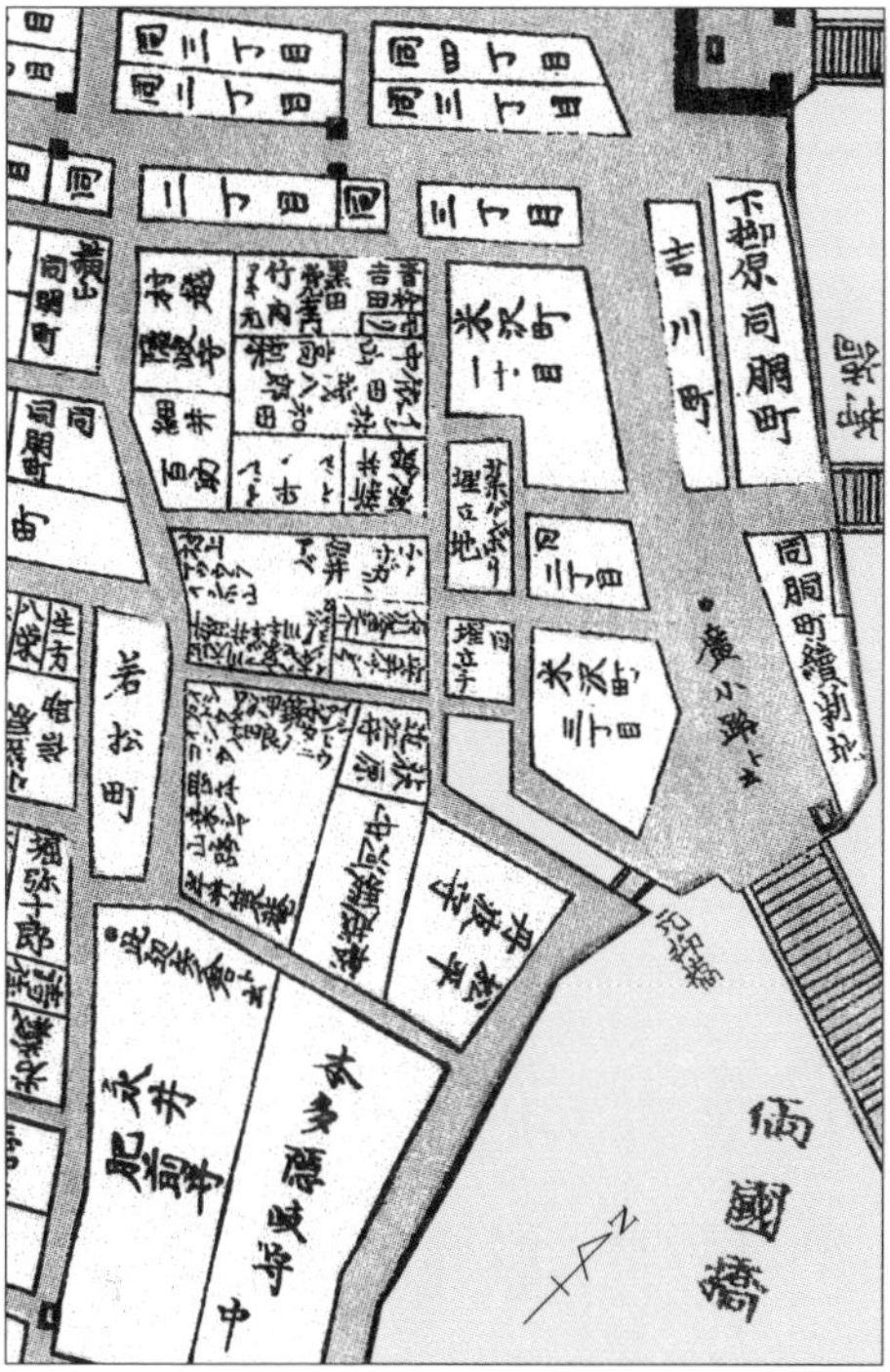

●―西両国界隈（近江屋版・江戸切絵図「日本橋神田従於玉池矢ノ倉辺絵図」部分）

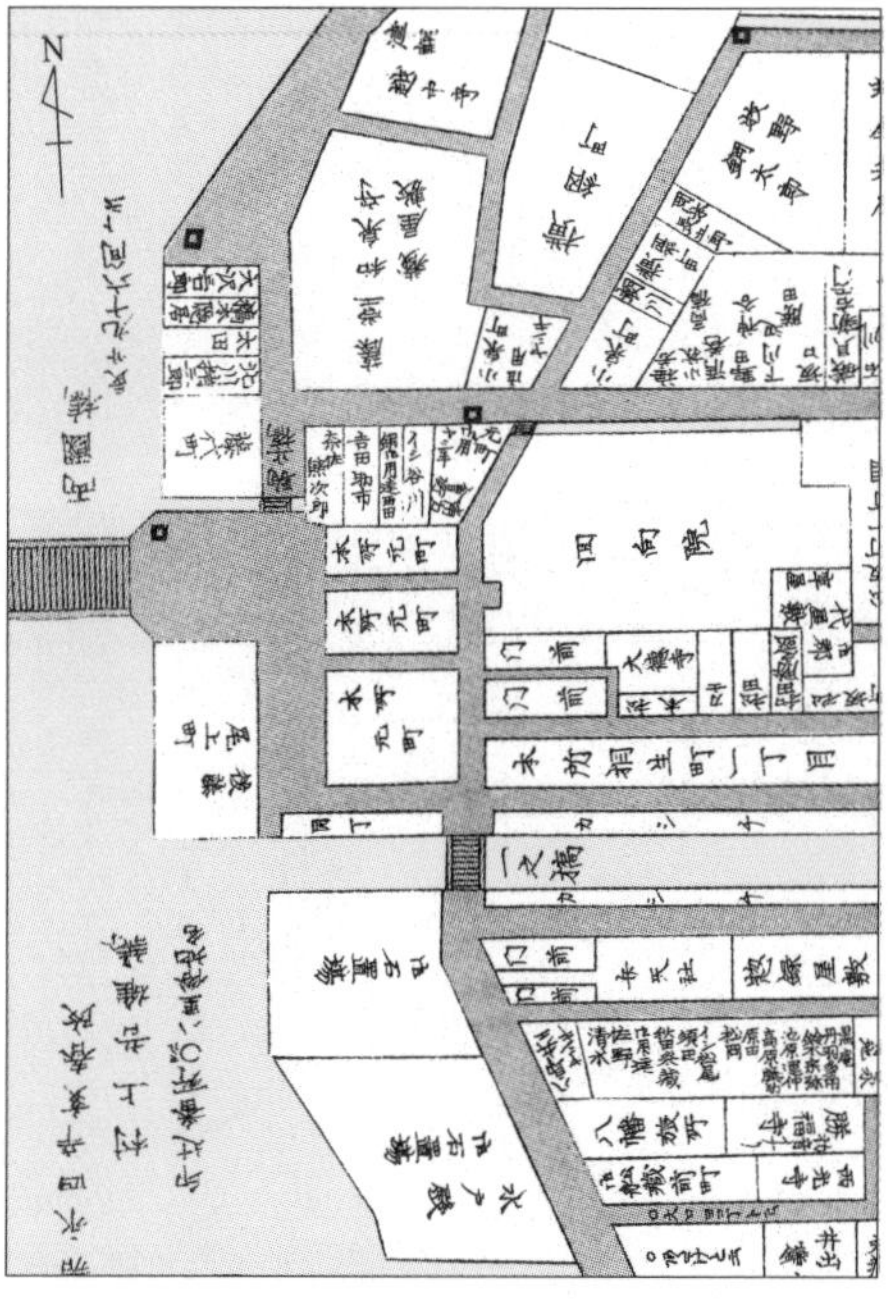

●―東両国界隈（近江屋版・江戸切絵図「南本所竪川辺図」部分）

▼浅草御蔵　一六一六(元和《げんな》二)年に設置された幕府直轄の米蔵。全国の幕領年貢米を収納し、旗本《はたもと》や御家人《ごけにん》への切米《きりまい》をここで給付した。

どの学校名、両国公会堂・両国公園などの公共施設名などに広く用いられている。しかし近世のこの界隈を前ページ図(切絵図《きりえず》)でみると、両国という名称は両国橋に限られているのであり、正式な地名などにはまったくみられないことに気づく。そして江戸の繁華の象徴としてたしかに実在した両国は、現代では地名などに名残りをとどめるだけでまったく失われてしまい、かつての社会＝空間のありようを復元することも容易ではなくなっているのである。

四六ページ上図(『柳橋新誌《やなぎばししんし》』付図)は、かつての両国一帯を描く図であるが、両国橋の両側を中心に右は元柳橋や対岸の本所《ほんじょ》一ツ目界隈、左は浅草御蔵《あさくさおくら》▲の隅田川沿いにおよぶことが注目される。本章では、ここで描かれる範囲を、広く両国地域とみて、その諸要素を具体的にみてゆくことにしよう。

両国橋と広小路

両国橋の架橋は一六五七(明暦《めいれき》三)年正月の江戸大火を契機とするものである。大火以前には、江戸中心部から神田《かんだ》川を越えて浅草の方向へは、浅草御門《ごもん》を経て浅草橋がかかっていたが、隅田川を越えて、本所と連絡する橋はなかった。

猛火に追われた避難民が、逃げ場を失って浅草御門の手前で大量に焼死、あるいは川で溺死するという惨劇を受け、一六六〇(万治《まんじ》三)年に隅田川を越えてまだ未開発の本所へと架橋されたのが両国橋である。

架橋前後から十七世紀末にかけて、この地域で大きな空間を占めていたのは、谷之御蔵《やのおくら》(矢野御蔵《やのおくら》)であった。この御蔵は、浅草御蔵に次ぐ幕府の大規模な米《こめ》蔵《ぐら》であったが、一六九七(元禄《げんろく》十)年に取り払われ、いったん築地《つきじ》へ移転されたのち廃止されることになる。谷之御蔵の移転後、一六九九(元禄十二)年から跡地の再開発が開始され、「跡は、町屋《まちや》・広小路となり、大方米沢町《よねざわちょう》となる」(『東京市史稿』市街篇一三巻)とあるように、米沢町一〜三丁目やいくつかの武家地があらたに生み出されるとともに、両国橋西側に火除地《ひよけち》として広小路が確保・整備されたのである。江戸最大の盛り場となる両国の中心、西広小路の成立である。

また、橋の東岸には明暦大火の犠牲者一〇万八〇〇〇人をとむらう国豊山《こくほうざん》無《む》縁寺《えんじ》回向院《えこういん》が建立され、おそらく西側とほぼ同時に東広小路も成立したものと推定される。

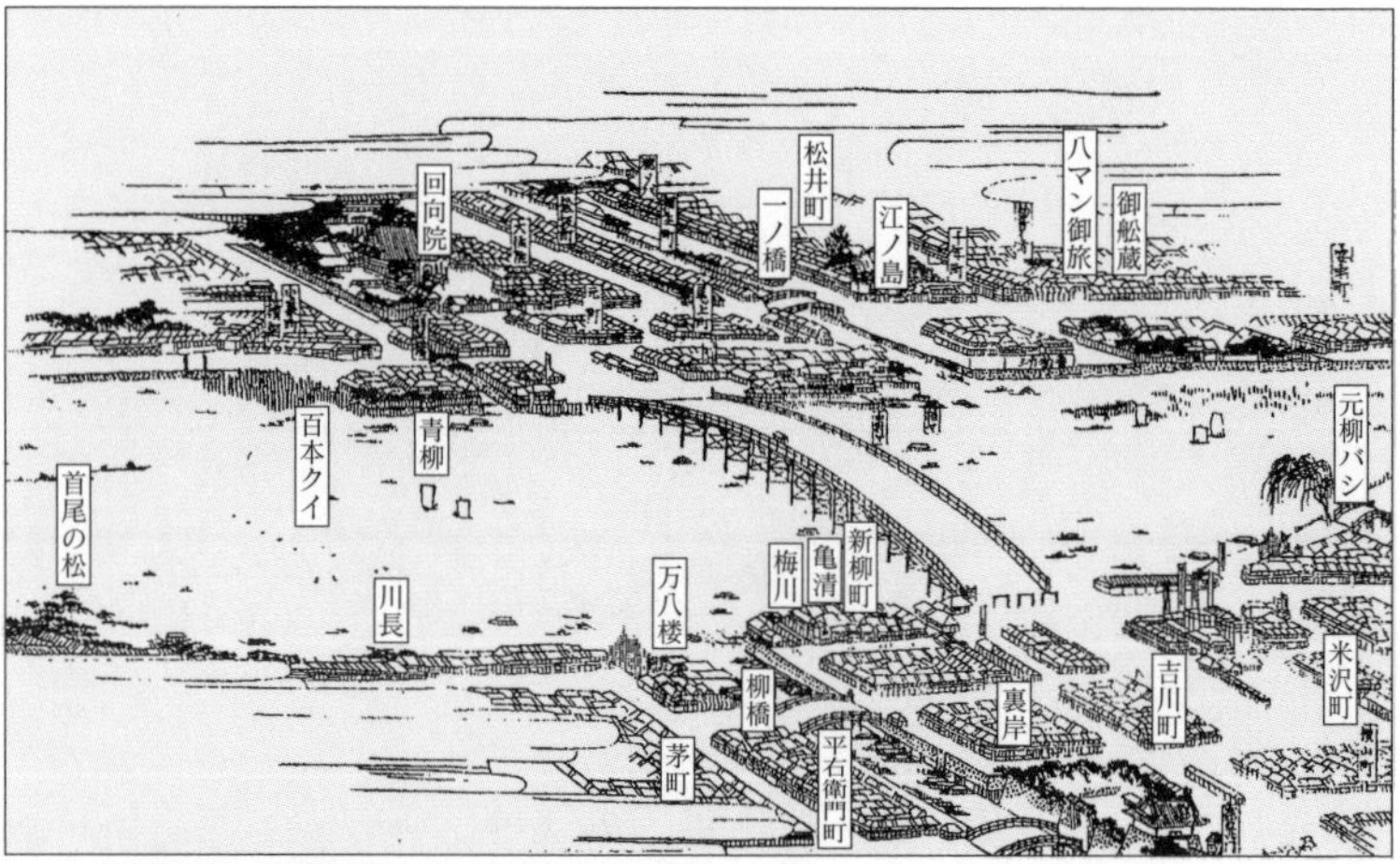

●──両国橋と柳橋界隈(『柳橋新誌』付図による)

に元柳橋がみえる。両国橋の向こう側が東両国広小路。中央上に本所一ツ目橋

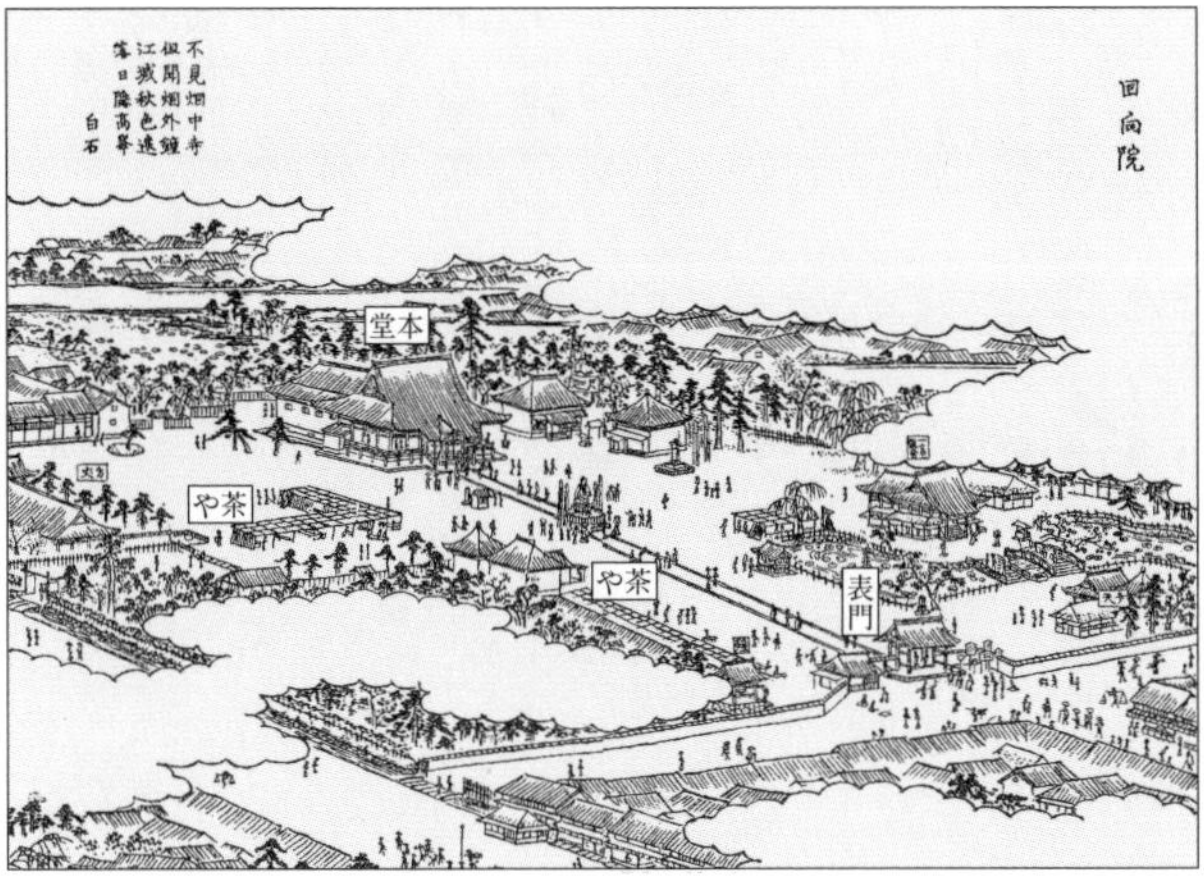

●──長谷川雪旦「回向院」　右下に表門があり，東両国広小路へとつながる。境内の右側では大相撲興行が行われる(『江戸名所図会』による)。

●──長谷川雪旦「両国橋」　手前が西両国の広小路。左下に柳橋がかかり，右端(一之橋)をのぞむ。夏の花火に人びとがごったがえす(『江戸名所図会』による)。

そこで、長谷川雪旦《せったん》「両国橋」（四六〜四七ページ図参照）から、十九世紀における両国のようすをみておこう（吉田、一九九七〈吉田、二〇〇三に収録〉）。季節は夏、折しも花火の打上げが行われ、隅田川には見物の屋形船・屋根船▲などが無数に浮かんでいる。両国橋の上も見物の群衆で雑踏している。画面の手前は西広小路である。広場の中央には芝居や「かるわさ（軽業）」の小屋、土弓場《どきゅうば》▲などの娯楽施設が描かれる。また髪結床《かみゆいどこ》や無数の茶屋が軒をならべる。広場の両端には、「船宿多し」「料理や（屋）多し」とある。右側が米沢町三丁目、左側が下柳原同朋町《しもやなぎはらどうぼうちょう》から柳橋に相当する。橋の向こう側の東広小路も西側と同様に「かるわさ（軽業）」「みせもの（見世物）」の小屋や葭簀張《よしずばり》の茶屋などが多数みえる。

次ページ上図は、一八四二（天保《てんぽう》十三）年における西広小路の芝居を中心とする概況であるが、おででこ芝居・三人兄弟芝居・子供芝居・（中嶋）春五郎《はるごろう》芝居・勘九郎《かんくろう》芝居などの香具《こうぐ》芝居▲が営まれ、また、土弓・茶屋・髪結床・床店《とこみせ》などの小店舗が多数存在したことがうかがえる。また西広小路の一角では、毎朝青物市場が開かれ（両国市場）、対岸の東広小路では草花市場に人びとが群集したのである。

▼屋形船・屋根船　ともに川船の一種。屋形船は長さ七・五〜一五メートル、幅三〜四メートルで二〜三部屋の小座敷をもつ。屋根船は日除船の俗称で、長さ七〜八メートル、幅一・八メートルほどの小型船（五七ページ図参照）。

▼土弓場　矢場《やば》。小さな弓で的を射て遊ぶ遊技場。矢取り女は土弓娘・度紋《どもん》娘などと呼ばれ、売春もした。

▼香具芝居　香具を販売するための客集めを名目に興行される芝居。寺社境内などの宮地《みやじ》芝居や広小路などの小芝居などがある。興行主は有力な香具師《やし》であることが多い。

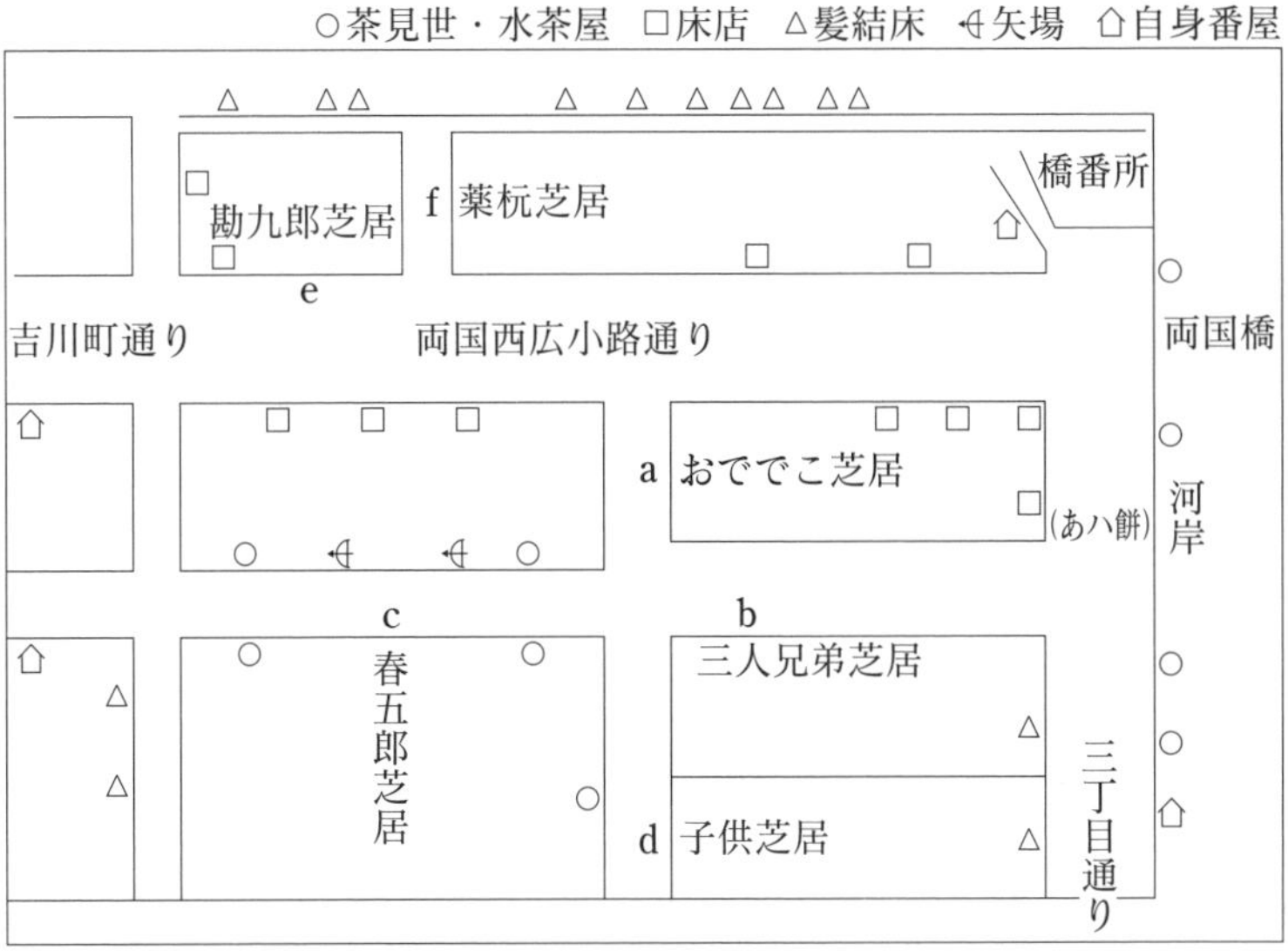

●――西両国広小路における芸能興行(旧幕「市中取締類集」芝居所替之部による)

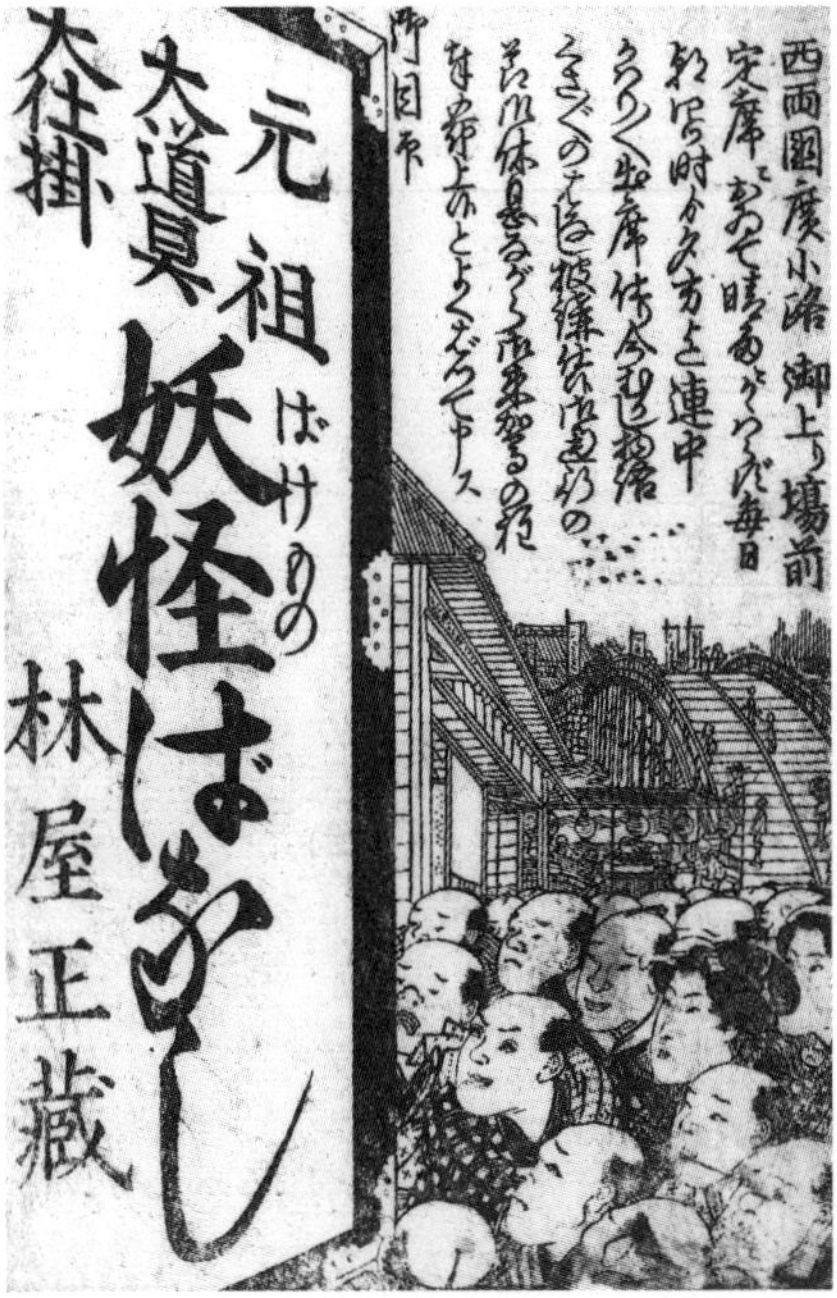

●――西両国、橋番所の脇にある林屋正蔵の寄席引札(『百歌撰』一八三四年刊)

●――両国橋東西広小路の助成地

東橋番請負助成地	258 坪余	a
西橋番請負助成地	201 坪余	b
水防請負助成地	682 坪余	c
合　　計	1,141 坪余	

ほかに，吉川町・米沢町会所地にて役船の者稼ぎ場 37 坪余
・a ＋ b ＋ c の地代金合計：　年 237 両余
　諸経費（番人給金，番屋経費など）　115 両 3 分
・このほか，西広小路助成地内の青物市：地代年 16,220 文

橋の管理と請負システム

次ページ図は、両国東西広小路の空間構成を示す絵図である。この図をみながら、つぎに広小路の空間管理と場の経営についてみておこう。この点で参考となるのは、小林信也氏「江戸町方の広小路における店舗営業と助成地経営」（小林、一九九七〈小林、二〇〇二に収録〉）である。この論文は、両国橋の下流にある新大橋を事例に、橋の管理体制を検討したものである。新大橋では東西両端に防火のための広小路が助成地とされた。橋の警備・防災を幕府から請け負う者を橋請負人・橋番人として選定し、役務をつとめる代償として広小路内の助成地をあたえて、そこに葭簀張商人などを招致してこれから地代を収取することを容認し、定額の請負額を幕府に上納させる、という利権構造が存在したことを小林氏は解明している。

両国橋の場合にも、これとまったく同質ではあるが、新大橋よりはかなり複雑な利権構造をみいだすことができる。旧幕府引継書《きゅうばくふひきつぎしょ》▲（以下、旧幕と略す）「両国橋東西広小路書留」（『東京市史稿』産業篇三五巻）によると、両国橋における助成地は主要には上表のような三種類からなる。以下それぞれについて、請負いや

▼旧幕府引継書　江戸町奉行所や評定所、寺社奉行関係の書類で幕府崩壊後、東京府が引き継いだもの。国立国会図書館所蔵。

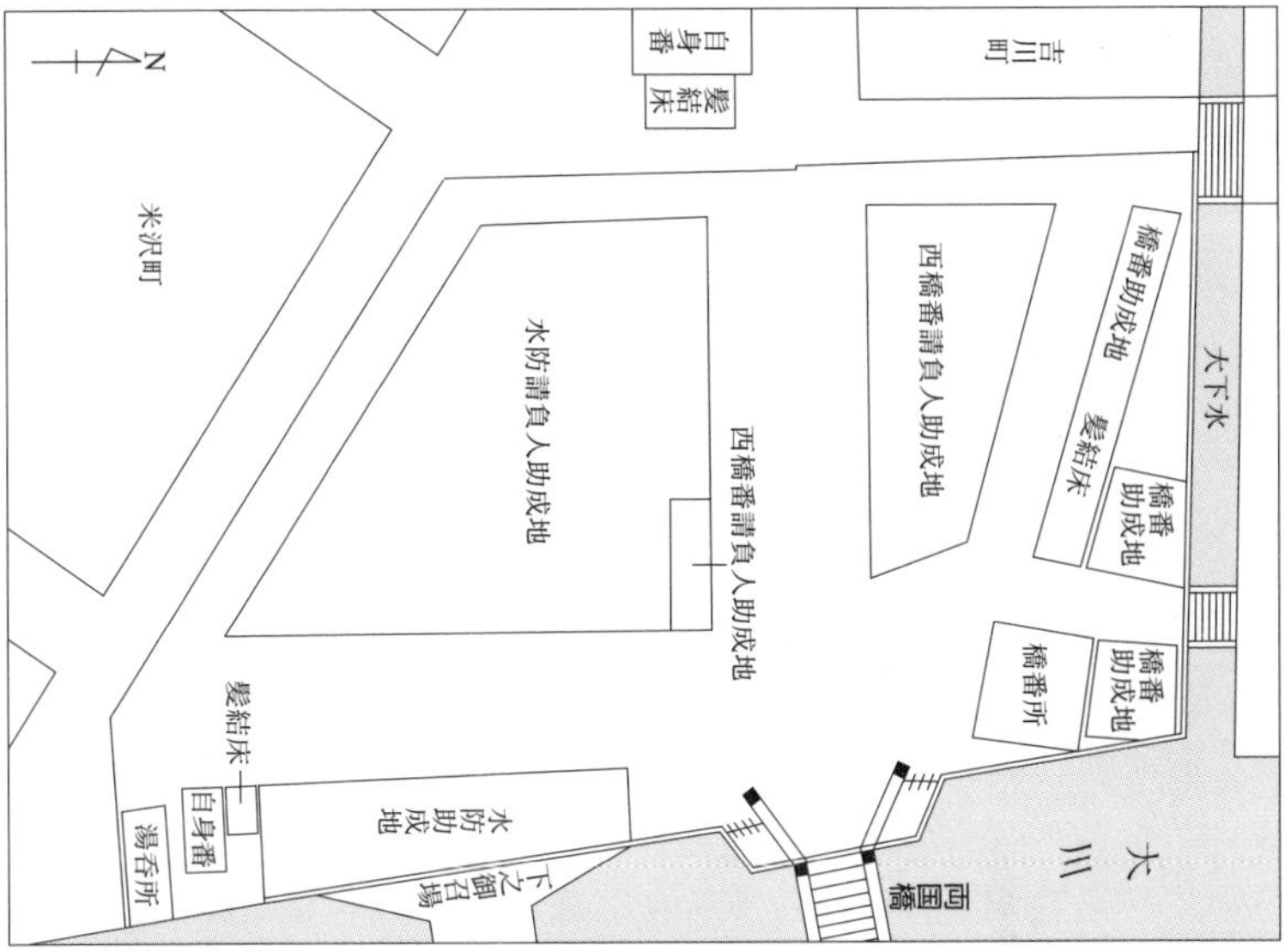

●—1868年当時の西両国広小路(「順立帳」による)

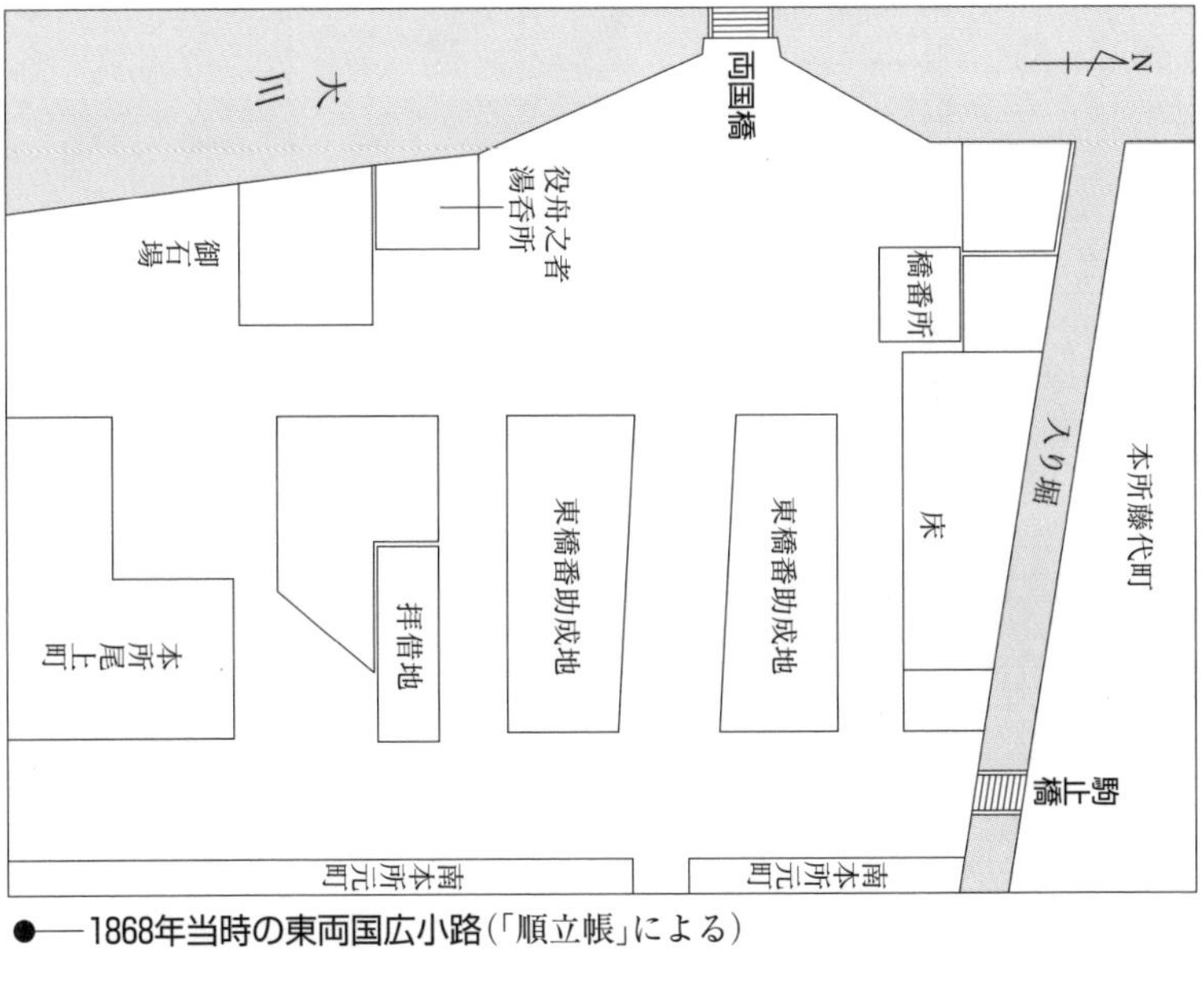

●—1868年当時の東両国広小路(「順立帳」による)

経営の内容をみてみよう。

橋番請負人

まず東西橋番請負助成地であるが、これは橋番請負人への助成地である。この橋番は、両国橋架橋以前、同地で船渡しを営んだ二人の請負人が引き継いだのが初めとされる。橋番請負人は、橋の東西におかれた番屋《ばんや》▲や橋の中央にあった中番屋の維持・管理、さらには水害や火災などからの防災を役務とした。その代償としてあたえられた助成地は、東西それぞれに設定された（五一ページ図参照）。広小路設定時点では髪結床・水茶屋などがそこで営まれ、請負人はその庭銭《にわせん》▲収取を助成として、番屋の維持・管理を務めた。

その後、一七一九（享保《きょうほう》四）年に改めて番人請負いが出願され、東広小路では請負人作左衛門・嘉右衛門の両人に髪結床六軒と辻商人《つじしょうにん》▲庭銭が、また西広小路には請負人・吉川町四郎兵衛が髪結床一七軒と辻商人庭銭の収取が、それぞれ認められている。また一七二五（享保十）年には、東西広小路商人に「葭簀張日除《ひよけ》」が許可され、なかば常設の店舗や小屋の経営が認められた。そして、一七三八（元文《げんぶん》三）年にいたり、広小路道幅が改定されるにともない、助成地の範

▼**番屋**　防犯・防災の監視をする番人《ばんにん》が詰める小屋。その経営は請負人に委ねられ、多くの利権をともなうことから、経営権は株として売買された。

▼**庭銭**　場所代のこと。地代とも称する。

▼**辻商人**　路上や広場での売買に参加する商人。ここでは両国の生花市場や青物市場に参加する仲買商人のことをさす。

▼**傍示石**　境界を示すために土中に埋められる石。

囲が傍示石《ぼうじいし》▲の設置によって確定することになる。

水防請負人

広小路の助成場を請け負うもう一つの主体は、水防請負人である。一七二九(享保十四)年六月に、五人の者が両国橋の水防役を願い、認可される。これは隅田川の出水時に、橋を防衛するために人足五〇人を動員し、また動員される船の水主《かこ》二八人分の賃金を負担するものである。その代償として、助成地が西広小路に設定されるが、五〇ページ表にあるように、東西橋番請負人助成地の合計よりも広い最大規模となっている。この助成地においては、一七三三(享保十八)年に諸商人葭簀張日除が免除され、また三八年には橋番助成地と同時に傍示石が設置されている。

そのほか、両国橋や周辺施設にかかわる請負と助成関係は、石番《いしばん》▲・両国御役《おやく》船《せん》仲間▲・常浚請負人▲・御召場竹矢来《おめしばたけやらい》定請負人▲などにもみられ、橋を中心に公的な施設の維持・管理のほとんどは民間に委ねられ、その代償として助成地経営などの権益があたえられる構造となっているのである。

以上、両国橋の管理請負体制を基軸とする東西広小路とその周辺域の利権構

▼石番　両国東広小路の南側には幕府の石置場が存在した。これを管理するのが石番であった。その運営は請負人に委ねられ、助成床として八カ所の髪結床があたえられた。

▼両国御役船仲間　奥川筋の河川舟運のターミナルである深川海《うみ》辺《べ》大工町《だいくちょう》には多数の艀宿《はしけやど》とその仲間が存在した。彼らは両国橋の水防・防災をつとめる代償に、両国橋両側の南に、稼ぎ場として七間半の荷揚場を占用する特権をえていた。この仲間を役船仲間と呼ぶ。

▼常浚請負人　両国橋西側には、将軍の御座船《ござぶね》が接岸する御召場が二カ所おかれた。その周辺の土砂をさらう役務を請け負う。あわせて、隅田川と竪川の合流地点の浚渫なども請け負い、助成地をあたえられていた。

▼御召場竹矢来定請負人　御召場を囲う矢来を維持する者。

造をみたが、その確立は一六九九(元禄十二)年であり、助成地や周辺に展開する用益構造は、(1)助成地における営業、(2)物揚場《ものあげば》・河岸利用、(3)助成地以外での営業、(4)近接する類業に区分できる。そしてそれぞれの局面ごとに、多様な商人・芸能者やその共同組織が展開したのである。

両国という社会＝空間構造は、以上みたような両国橋と東西の広小路をその中心とするが、そこには限定されず、周辺の町域や街路・広小路・寺社境内・河川流域などをも包摂しながら、かなり広い範囲に類似の社会関係を生み出してゆく。その範囲は、国豊山無縁寺(本所回向院)・本所一ツ目・柳橋・大川流域・蔵前《くらまえ》・柳原土手《どて》などにもおよぶと考えられる。以下、それらのなかから、ここでは柳橋・本所一ツ目・蔵前の三つを取り上げて、それぞれの社会＝空間のありようをみながら、両国の拡がりの様相を具体的に検討してみたい。

柳橋

両国橋のすぐ北で、西から大川に合流するのは神田川である(二〇ページ図参照)。神田川は、神田地区と浅草地区を隔てる人工の川であり、明暦大火での惨状の中心となった浅草御門から浅草橋にいたる手前にかかる橋が柳橋である。この橋の建設事情については未詳であるが、さきに述べた元禄年間(一六八八〜一七〇四)の谷之御蔵移転にともない、両国西広小路が整備されるなかで、広小路から浅草方面へのルートとして架橋されたものとみられる。そして大川から谷之御蔵内への入り堀であった薬研堀《やげんぼり》にかかる難波橋《なにわばし》は元柳橋とも呼ばれることになり、ここも後述のように柳橋の一角を形成するのである。

柳橋は、幕末期以降遊所《ゆうしょ》として著名となるが、本来は岡場所《おかばしょ》▲ではなく、船宿や料理屋が蝟集《いしゅう》する地域であった。柳橋に関する原史料はまだみていないが、成島柳北《なるしまりゅうほく》の名作『柳橋新誌』によってその概要をたどることができる。『柳橋新誌』は元幕府儒者で、のちに『朝野《ちょうや》新聞』などで新政府批判の論陣を張ることになる柳北(一八三七〜八四)がまだ青年期の、一八五九(安政《あんせい》六)年から六〇(万延《まんえん》元)年にかけて執筆したもので、柳橋の遊所としての実態を詳細に、かつシニカルに綴《つづ》るものである(『新日本古典文学大系』一〇〇、日野龍夫氏の校注・解説を参照)。その記述から、柳橋の構造についてみるとほぼ以下のような特徴がうかがい知れる。

▼岡場所　幕府に公認された遊郭である新吉原以外の江戸市中の遊所。江戸市中各所に存在する。たびたび取り締まられたが、なかば黙認されることが多かった。

(1)柳橋は水運の利便が江戸市中でももっともよいところに位置し、屋根船・猪牙《ちょき》船▲が多く舫《もや》った。そして、水路を江戸の各所へ向かうときのターミナルとなり、とくに新吉原《しんよしわら》や、一八四一(天保十二)年以降に浅草へ強制移転させられたのちの猿若町《さるわかまち》の歌舞伎三座《かぶきさんざ》▲などに向かうとき、また花見、月の観賞、納涼、雪見などで遊ぶ場合に、柳橋から船を用いたのである。こうして、同所には神田川沿いに多数の船宿が集まった。

(2)こうした近隣への旅客舟運のターミナルとしてだけでなく、柳橋は独自の遊所として発達した。それは新吉原をおびやかす岡場所となった深川《ふかがわ》が、天保改革▲で弾圧されたのち、深川の芸妓《げいぎ》が多く柳橋に流れこんだためとされる。

(3)芸妓は下柳原同朋町に集中した。ここには、岡崎屋・立花屋という二軒の「箱屋《はこや》」があり、あわせて三〇人ほどの芸妓をかかえ、料理屋や船宿からの注文を受けて、芸妓を派遣した。遊郭《ゆうかく》における見番《けんばん》▲と類似の機能である。こうして、船宿は実際には芸妓を遊客に提供することを本業とし、新吉原や深川の存在をおびやかすことになる。

▼**猪牙船**　屋根をもたぬ茶船《ちゃぶね》の一種。長さ八メートル前後、幅一・四メートルほどの小舟。柳橋の船宿から新吉原への突端である山谷堀《さんやぼり》とのあいだを結ぶことから、山谷船とも呼んだ。

▼**歌舞伎三座**　幕府に公認された江戸の歌舞伎座。狂言座。堺《さかい》町(中村座)・葺屋《ふきや》町(市村《いちむら》座)・木挽《こびき》町五丁目(森田《もりた》座)が本来の三座。天保末年に、三座とも浅草猿若町一〜三丁目に強制移転させられる。

▼**天保改革**　一八四一(天保十二)年から四三(同十四)年にわたって実施された幕府の政治改革。老中《ろうじゅう》水野忠邦《みずのただくに》が主導した。

▼**見番**　遊所で芸妓の斡旋や勘定、また芸者屋の取締りを担った会所。

●―広重「江戸名所三ツの眺　両国夏の月」　花火見物でにぎわう両国橋の一帯。左に東両国がみえ，右側に浅草御蔵と首尾の松が描かれる。

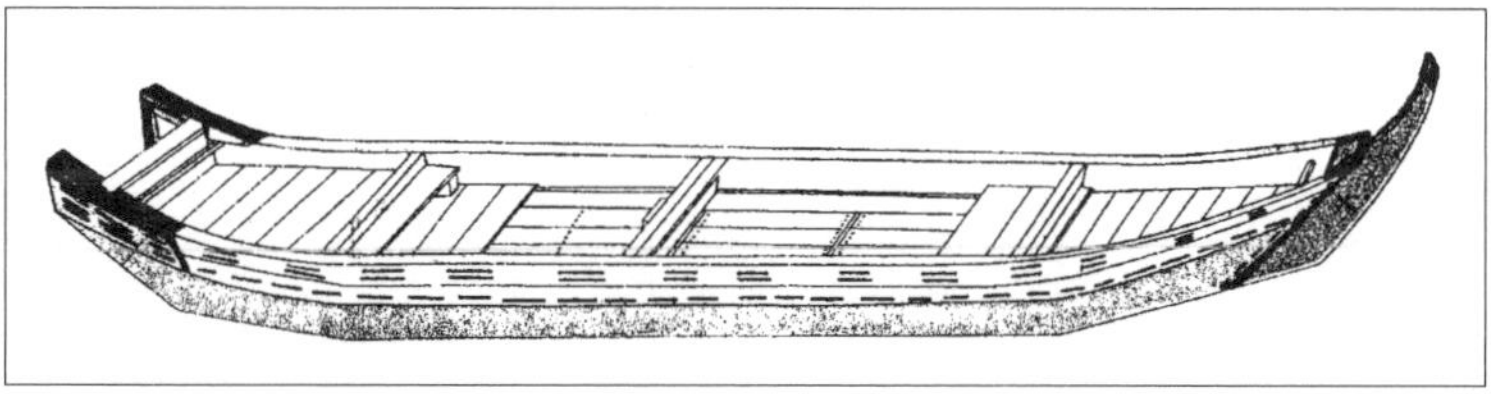

●―猪牙船(「船鑑」による)

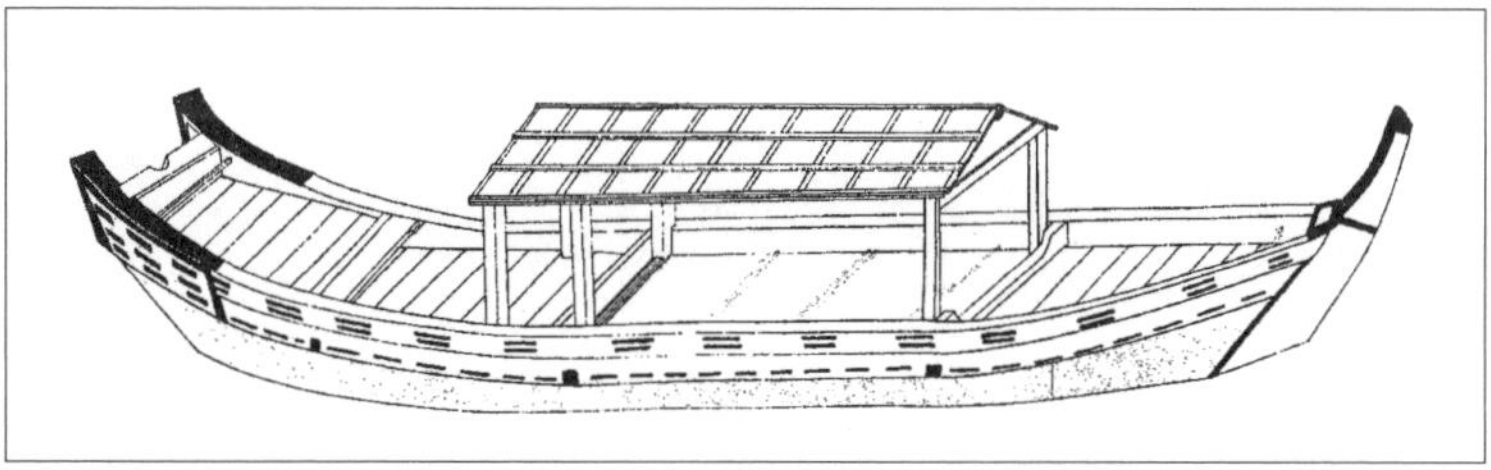

●―屋根船(「船鑑」による)

(4)船宿は、つぎの四つの地区に分布した。(ⅰ)表町一四軒：柳橋の東河岸《かし》と南路、(ⅱ)裏岸六軒：柳橋の西河岸、(ⅲ)米沢の表町五軒：柳橋の東南・米沢町、(ⅳ)米沢の裏河岸八軒：元柳橋のかたわらの河岸。これらを四河岸と称し、三三軒からなる船宿は、「親戚の如《ごと》」き共同性をもった。また、柳橋の北側にも数軒の船宿があったが、これらは四河岸以外のものであった。

(5)また料理屋(酒楼《しゅろう》)としては、橋北に川長《かわちょう》・万八楼《まんぱちろう》、また橋の南には梅川《うめかわ》・亀清《かめせい》・河内《かわち》屋・柳屋、米沢町には平三《ひらさん》・深川亭・草加《そうか》屋、などが著名で、このほかにも多数の料理屋が存在した。そのほか、東両国の柏《かしわ》屋・中村屋・青柳《あおやぎ》(六〇ページ下図参照)なども至近距離にある。

さて四六ページ上図は『柳橋新誌』付図であるが、川長・万八楼・梅川・亀清という料理屋の名称が記されている。また神田川沿いには多数の小舟が係留されている。柳橋の手前南側には裏岸の文字がみえるが、ここは下柳原同朋町に相当する。画面右端の大川端に柳が描かれ、元柳橋がみえる。『江戸買物独《ひとり》案内』▲「飲食之部」によると、その冒頭に、右にみた柳橋や東両国の著名な料理屋が列挙されていることに気づく(六〇ページ上図参照)。こうしてみると、柳橋を

▼『江戸買物独案内』　大坂中山《なかやま》芳山堂《ほうざんどう》、一八二四(文政七)年刊。三部よりなり、江戸市中の問屋・仲買・小売店舗・職人・飲食店など、二六二二店を職種別に収録する。

構成する主要な要素である船宿・料理屋は、両国西広小路を挟んで、柳橋界隈と元柳橋一帯の二カ所に分かれて分布していることが明らかである。

六一ページの図は、一八二七(文政《ぶんせい》十)年「両国橋上之御上り場際《ぎわ》吉岡因幡《よしおかいなば》宅並《ならび》町屋裏植物等の儀ニ付一件」(旧幕八〇八―五)という史料に掲載されているものである。この史料は、細工頭《さいくがしら》▲支配の御彫物師《おほりものし》・吉岡因幡が、同所であたえられた拝領町屋敷周辺の土地管理をめぐって、周辺の住民とトラブルを起こしたときのものである。図をみると、柳橋の東側・神田川沿いに四軒の船宿がならぶ。ここが四河岸の一つ「表町」の一部ということになる。これに続いて、下柳原同朋町続新地には、大のし、河内屋、亀屋という三軒の料理屋が軒を連ねる(河内屋と亀屋の名前が逆か)。『藤岡屋《ふじおかや》日記』▲一八五二(嘉永《かえい》五)年三月二十九日条に、「両国柳橋大のし冨八跡柳屋にて咄《はな》し家の参会これあり」(五巻)とあり、『柳橋新誌』が記す橋南の柳屋は大のしの跡であることがうかがい知れる。

以上から、第一に、柳橋とは柳橋南の下柳原同朋町と同続新地を中心としながら、北は平右衛門《へいえもん》町、南は広小路を隔てて米沢町三丁目や元柳橋界隈にも分布する船宿や料理屋を中心に、かなりの広域におよんだことが明らかである。

▼**細工頭**　幕府の職制。若年寄《わかどしより》の配下で三人おり、江戸城内の御細工所を管轄し、城内の諸道具・建具・高札《こうさつ》などさまざまな細工を差配した。

▼**『藤岡屋日記』**　江戸外神田《そとかんだ》御《お》成道《なりみち》の書肆《しょし》・藤岡屋由蔵《よしぞう》が著述した見聞録。一八〇四(文化《ぶんか》元)年から六八(慶応《けいおう》四)年の六五年間にわたり、一五〇余巻からなる。三一書房刊。

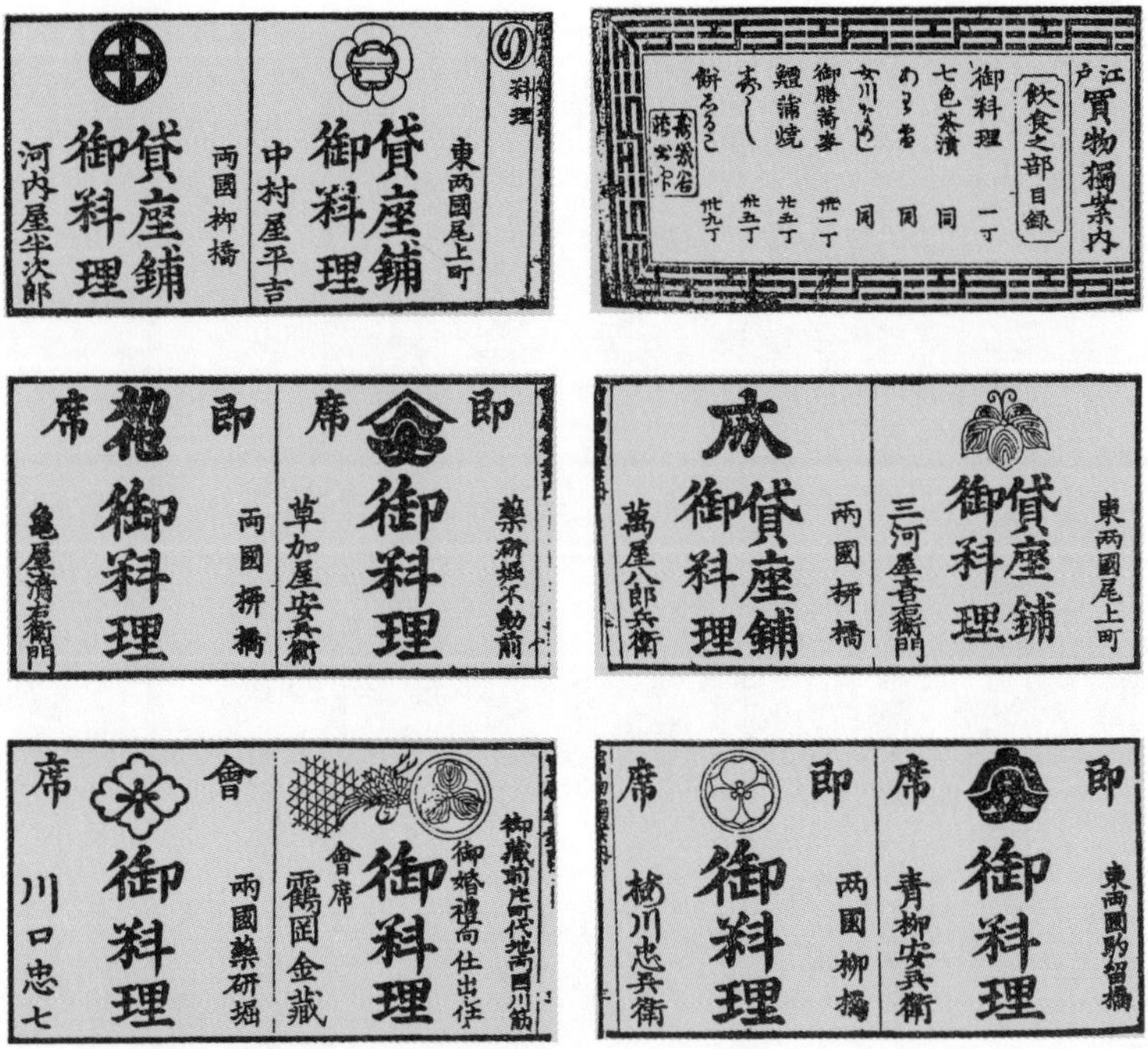
の 料理

東両國尾上町
貸座鋪
御料理
中村屋平吉

両國柳橋
貸座鋪
御料理
河内屋半次郎

江戸買物獨案内
飲食之部 目録
御料理 一丁
七色茶漬 同
めし 同
女川なめし 同
御膳蕎麦 卅一丁
鰻蒲焼 卅五丁
すし 卅五丁
餅るゐ 卅九丁

即席
御料理
薬研堀不動前
草加屋安兵衛

即席
御料理
両國柳橋
亀屋清兵衛

東両國尾上町
貸座鋪
御料理
三河屋喜兵衛

両國柳橋
貸座鋪
御料理
萬屋八郎兵衛

御蔵前片町代地両国川筋
御婚禮向仕出仕
會席
御料理
鶴岡金蔵

會席
御料理
両國薬研堀
川口忠七

即席
御料理
東両國駒留橋
青柳安兵衛

即席
御料理
両國柳橋
梅川忠兵衛

●—両国界隈の料理屋(『江戸買物独案内』)

●—東両国駒止橋《こまどめばし》近くの料亭・青柳(広重「江戸高名会亭尽　両国」)

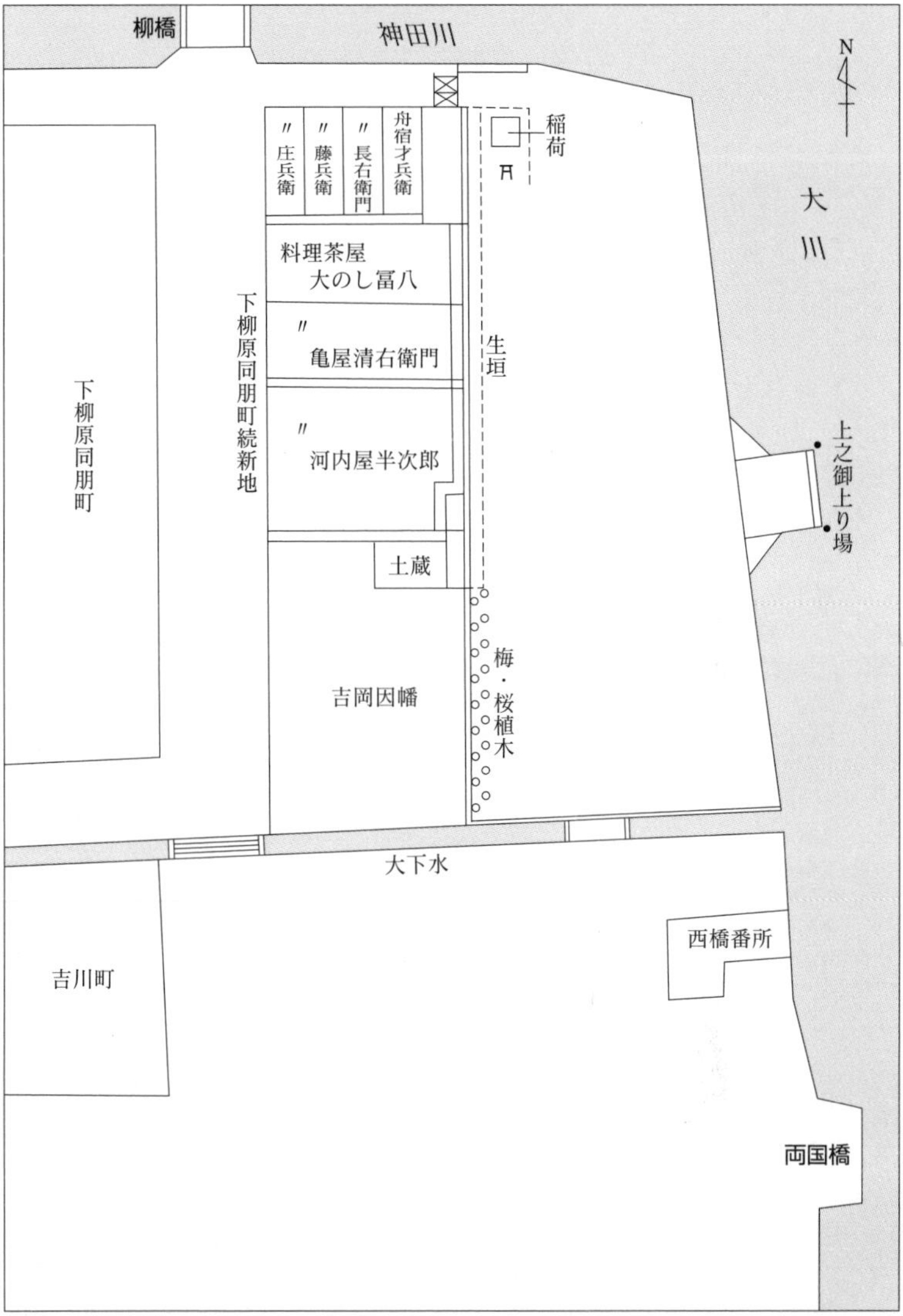

●―**柳橋と料理茶屋**(旧幕「両国橋上之御上り場際吉岡因幡宅並町屋裏植物等の儀ニ付一件」による)

また第二に、柳橋の社会構造は、その中核に四河岸という共同組織をもつ船宿と有力な料理茶屋が存在し、これに箱屋＝見番や多数の芸者、さらには関連業者などによって構成されたとみられる点が注目されよう。こうして柳橋は、船宿・料理屋・芸妓らからなる独自の社会として、両国にとって不可分の構成要素となっているのである。

一ツ目弁天と松井町

さて前掲四六ページ上図（『柳橋新誌』付図）の右上には、松井町《まついちょう》・江ノ島《えのしま》・八幡《はちまん》御旅《おたび》・御船蔵《おふなぐら》などとあるのがみえる。ここは両国東広小路から一之橋《いちのはし》を渡って竪川《たてかわ》を越えた南側の一帯である。実はここに、江戸有数の岡場所が複数連続的に展開した。以下、断片的な史料からではあるが、その様相を垣間みてみよう。

六五ページ上図（『江戸名所図会』）は、「本所一目」界隈を描くものである。中央の神社は江ノ島弁財天《べんざいてん》で、右上には深川《ふかがわ》八幡の御旅所がみえる。そこで、次ページの江戸切絵図と一八八〇年ごろの東京五千分の一実測図によってこの地

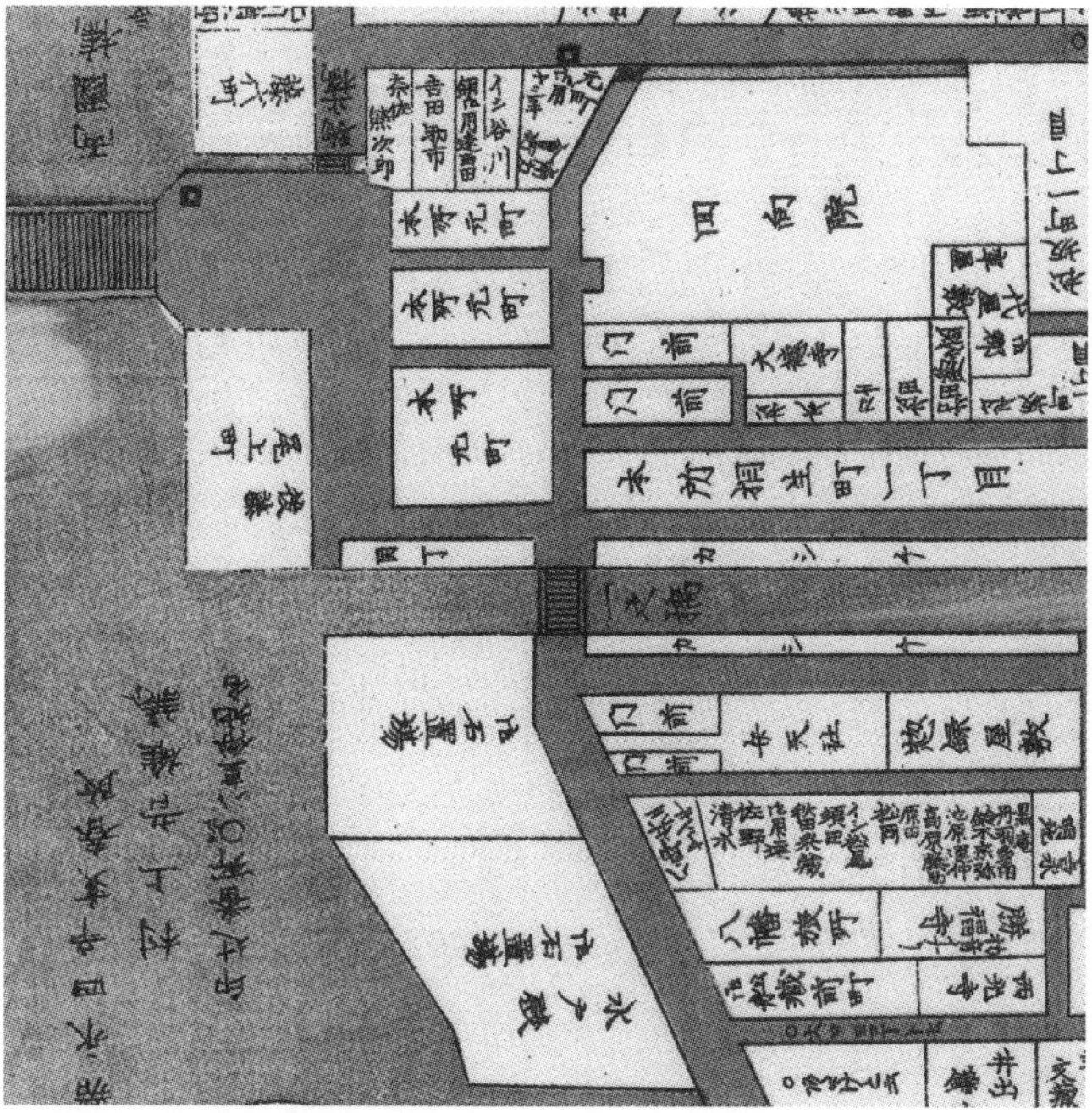

●本所一ツ目界隈（近江屋版・江戸切絵図「南本所竪川辺図」部分）

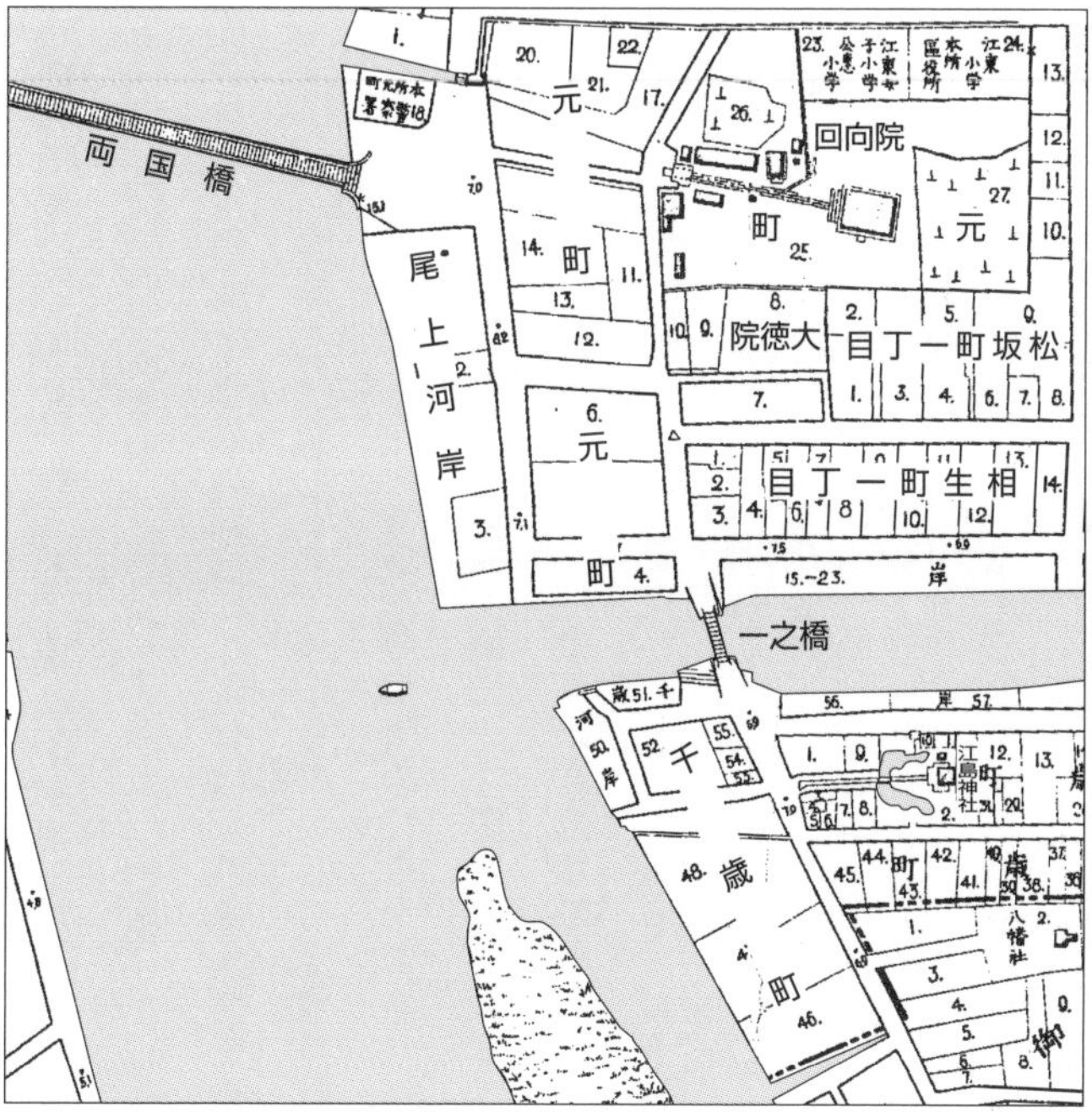

●本所一ツ目界隈（内務省地理局「東京五千分一実測図」による）

域のようすをみると、大川沿いの石置き場に平行して、弁天社門前と八郎兵衛屋敷、八幡旅所、御船蔵前町が連なることがわかる。次ページ下図は『岡場所図絵』所載の本所一ッ目弁天の岡場所であるが、これによると、同所は八郎兵衛屋敷に相当することが明らかである。『御府内備考』《ごふないびこう》によれば、八郎兵衛屋敷は世俗に「一ッ目弁天」と呼ばれ、隣接する弁財天と一体のものとして認識されていた。この屋敷は、本所深川道役をつとめる清水八郎兵衛の拝借地であり、当人の住居もあったとされる。屋敷の規模は、北側表間口一〇間・裏幅五間二尺、裏行東側一三間三尺・西側一六間という一〇〇坪余りの台形状の町屋敷であるが、小なりとはいえ、一つの独立した町として扱われたのである。おそらく八郎兵衛の住宅を除く大半は、図にあるように何軒かの「遊女屋」で埋めつくされたものであろう。

ところで、この弁財天は、一六九三(元禄六)年に、盲人の組織である当道座《とうどうざ》のリーダー＝惣録《そうろく》・杉山検校《すぎやまけんぎょう》にあたえられた拝領地＝惣録屋敷の西半分を境内とし、ここに江ノ島下之宮《しものみや》から勧請《かんじょう》して安置したものである。図にあるように、境内の西側は門前町《もんぜんまち》であり、町内の通り沿いにあわせて六カ所、延べ三六間あ

▼**『御府内備考』** 幕府役人・三《み》島政行《しままさゆき》らが、一八二六(文政九)年から二九(同十二)年にかけて編纂した江戸の地誌。正続あわせて全二九二巻。このうち、正編は市中町方の書上げで、一九二九〜三一(昭和四〜六)年に『大日本地誌大系』として刊行された。

▼**本所深川道役** 本所道役とも。本所・深川の道路を管掌した幕府役人。二人。本所奉行の配下にあったが、一七一九(享保四)年に同奉行が廃されると町奉行配下になった。

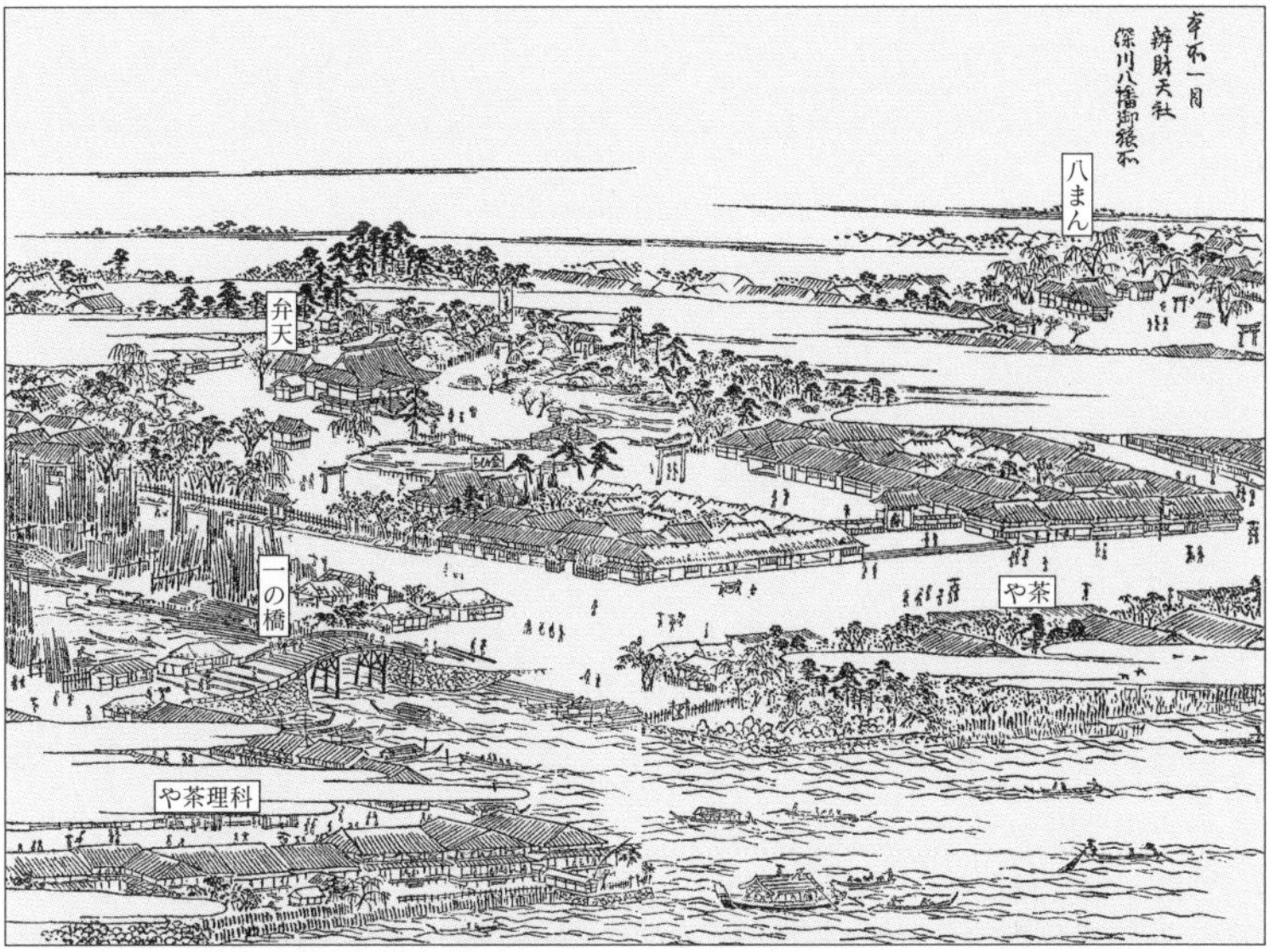

●―長谷川雪旦「本所一目，弁財天社，深川八幡御旅所」　手前の隅田川に竪川が合流する(『江戸名所図会』による)。

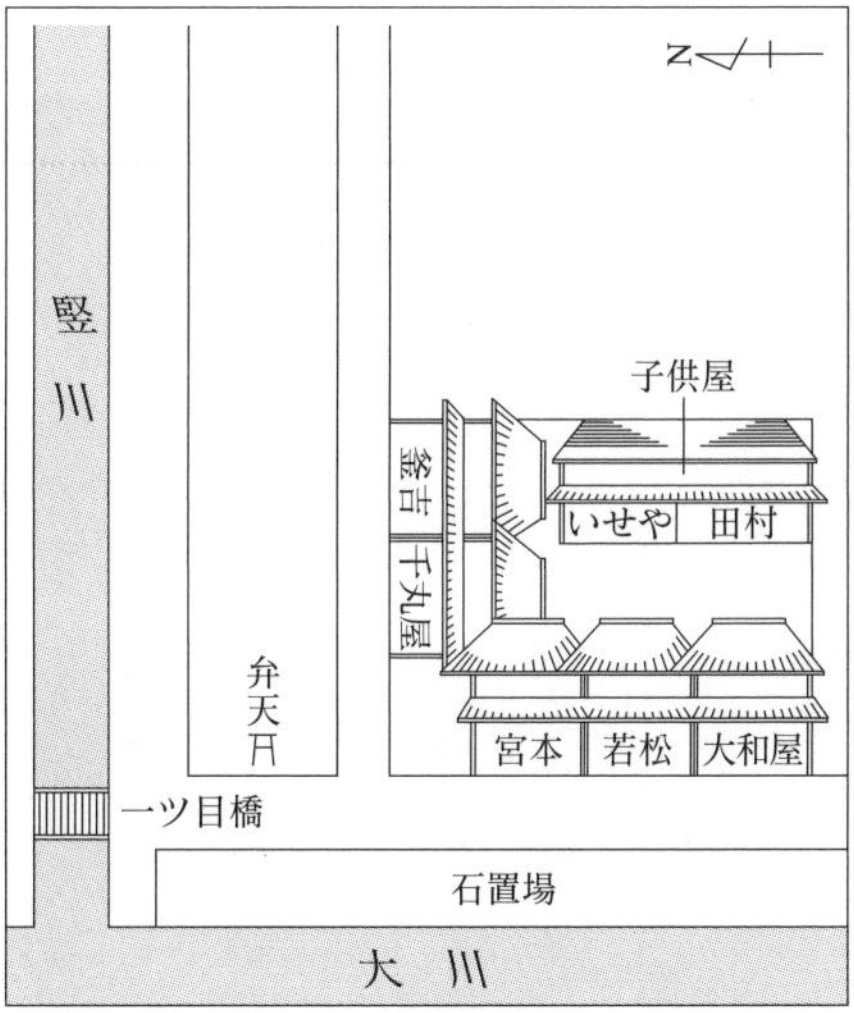

●―岡場所「弁天」(『岡場所図絵』による)

まりの葭簀張茶見世地が許されていた。こうして、弁財天門前の茶屋は、そのままとなりの八郎兵衛屋敷、すなわち岡場所としての一ツ目弁天に連なっているのである（『江戸名所図会』参照）。この惣録屋敷には当道座支配の役所がおかれ、十八世紀後半、江戸の鍼治《しんち》学校所（杉山流鍼治導引《どういん》稽古所）もおかれるなど、江戸における当道座組織の中心的な施設なのである（加藤、一九七四）。

惣録屋敷の西側、竪川にそって松井町一丁目・二丁目と続く。ここにも名の知れた岡場所があった。次ページ上図は『岡場所図絵』所載のものであるが、一丁目に浜野《はまの》屋など五軒の「遊女屋」が描かれ、西側には見番の店や木戸番が、また塀越しに茶屋がみえる。惣録屋敷の一部が茶屋に貸されているのであろうか。

また下図は旧幕「市《し》中《ちゅう》取締《とりしまり》続類集《ぞくるいしゅう》」に含まれる一八六三（文久元）年当時の松井町一丁目の概略である。同町は片側町《かたがわちょう》であるが、この一町全体が郭《くるわ》と化し、西側の惣門と東側の非常口、南側の裏門によって周囲と隔てられた閉じた空間となっている。内部には遊女屋一二軒、小格子遊女屋四軒、商人一軒が描かれ、また二丁目へつながる東の二つの橋のあいだには茶屋がみえる。

以上、東両国南側の本所一ツ目界隈は岡場所が連続的に拡がる地区として、

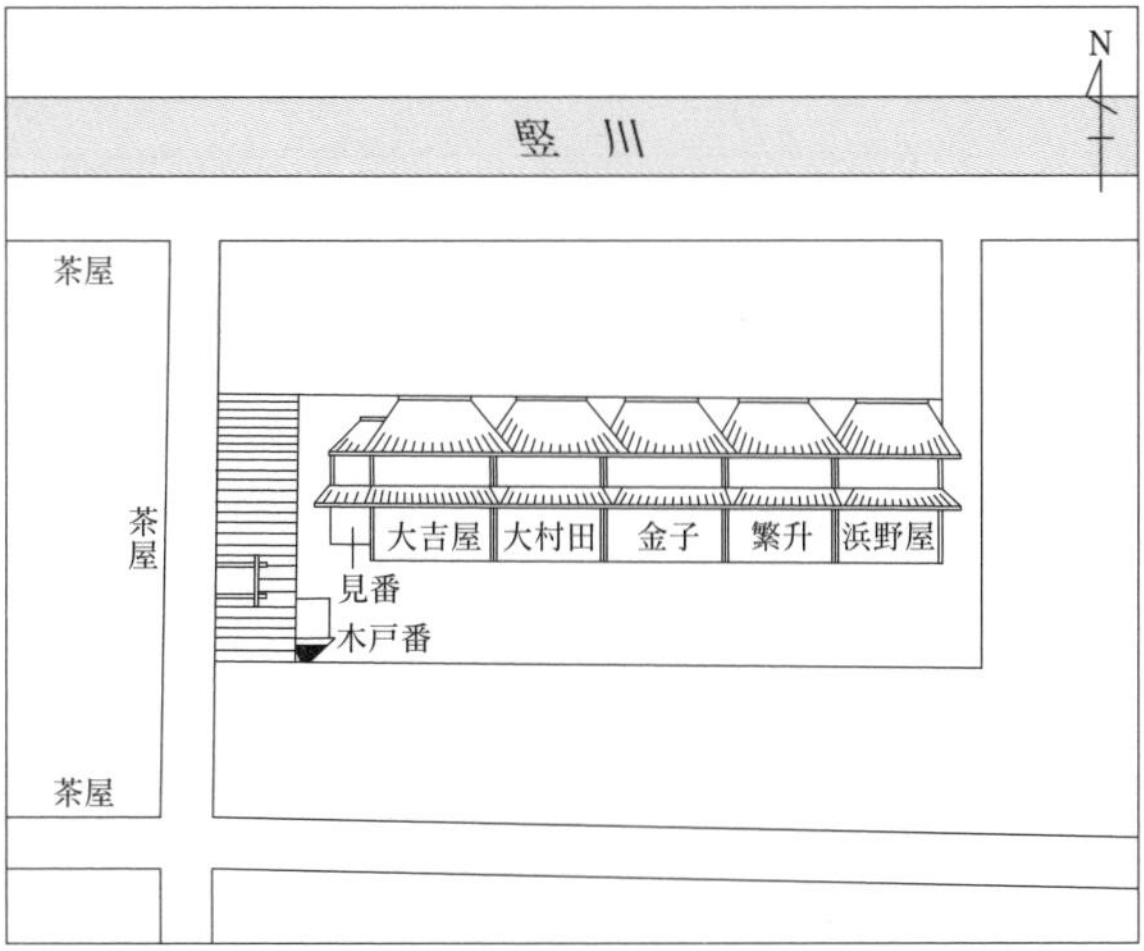

●—岡場所・松井町(『岡場所図絵』による)

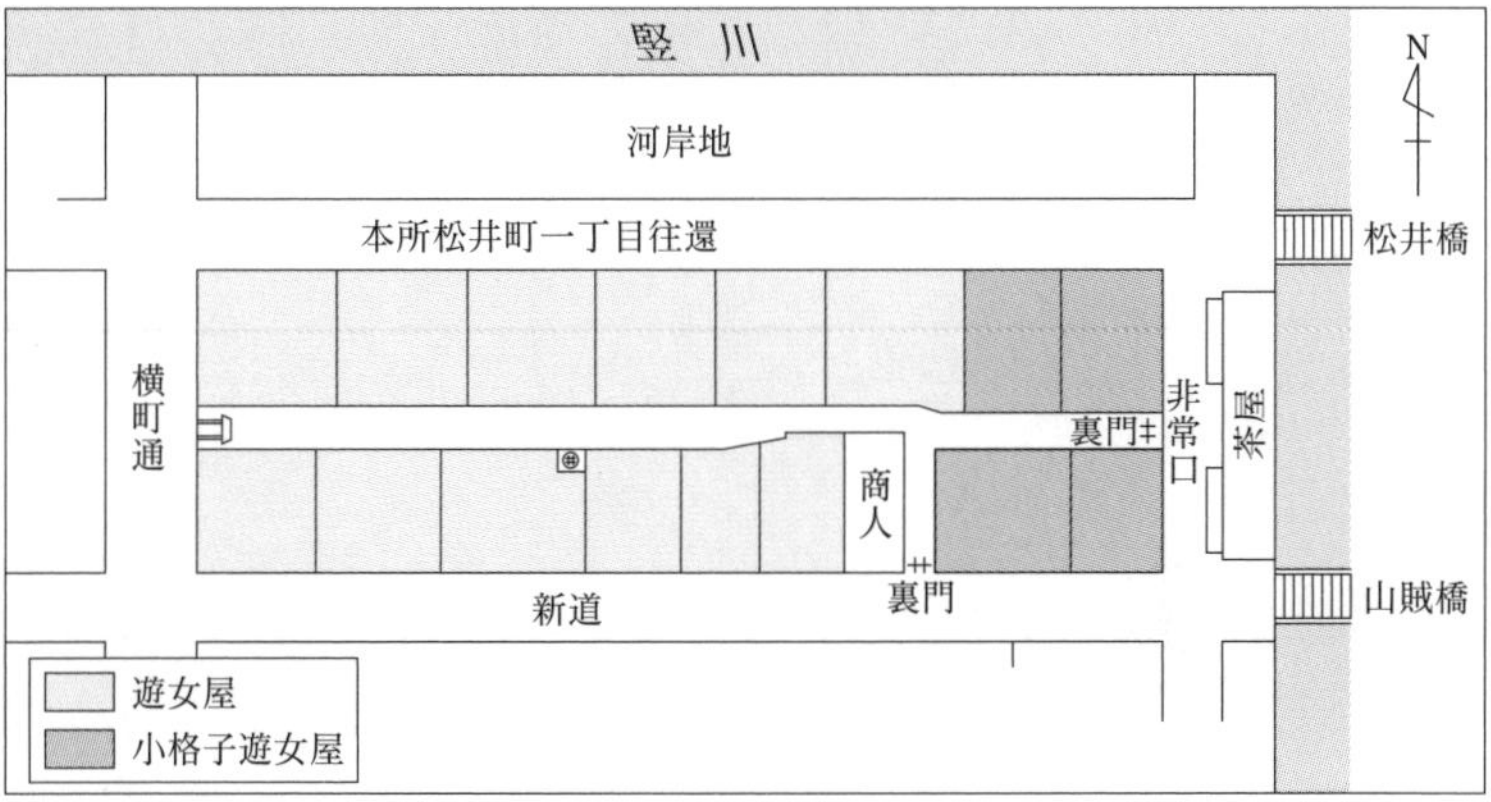

●—岡場所・松井町(旧幕「市中取締続類集」による)

ほぼ単一のものとして把握することが可能である。これらは、柳橋とは位相を異にする、より下層の遊所として両国地域東南に存在し、両国の周縁を形づくっていたということができよう。

蔵前

つぎに、ふたたび隅田川を西に越えて、西両国や柳橋からすぐ近く、北西の方向に目を向けてみたい。

前掲四六ページ上図(『柳橋新誌』付図)の左下に「首尾《しゅび》の松《まつ》」とみえる。これは、浅草御蔵の四番堀と五番堀とのあいだの石垣突端の土手にはえる松である。ここは、柳橋の船宿から猪牙船を仕立てて吉原へ向かう遊客がながめるだけではなく、遊興の屋根船がこの一体で遊ぶ名所ともなり、両国を構成する一要素ともいえる場所であった(浅野、一九九七)。

さて、この首尾の松の反対側、すなわち浅草御蔵の西側一帯の蔵前と呼ばれる街区に注目することにしたい。浅草御門をへて浅草橋で神田川を渡り北に向かうと、やがて瓦町《かわら》を越えて道路がいちだんと広くなる。ここから大護院門前《だいごいん》▲

▼大護院門前　現、台東区蔵前三丁目付近。

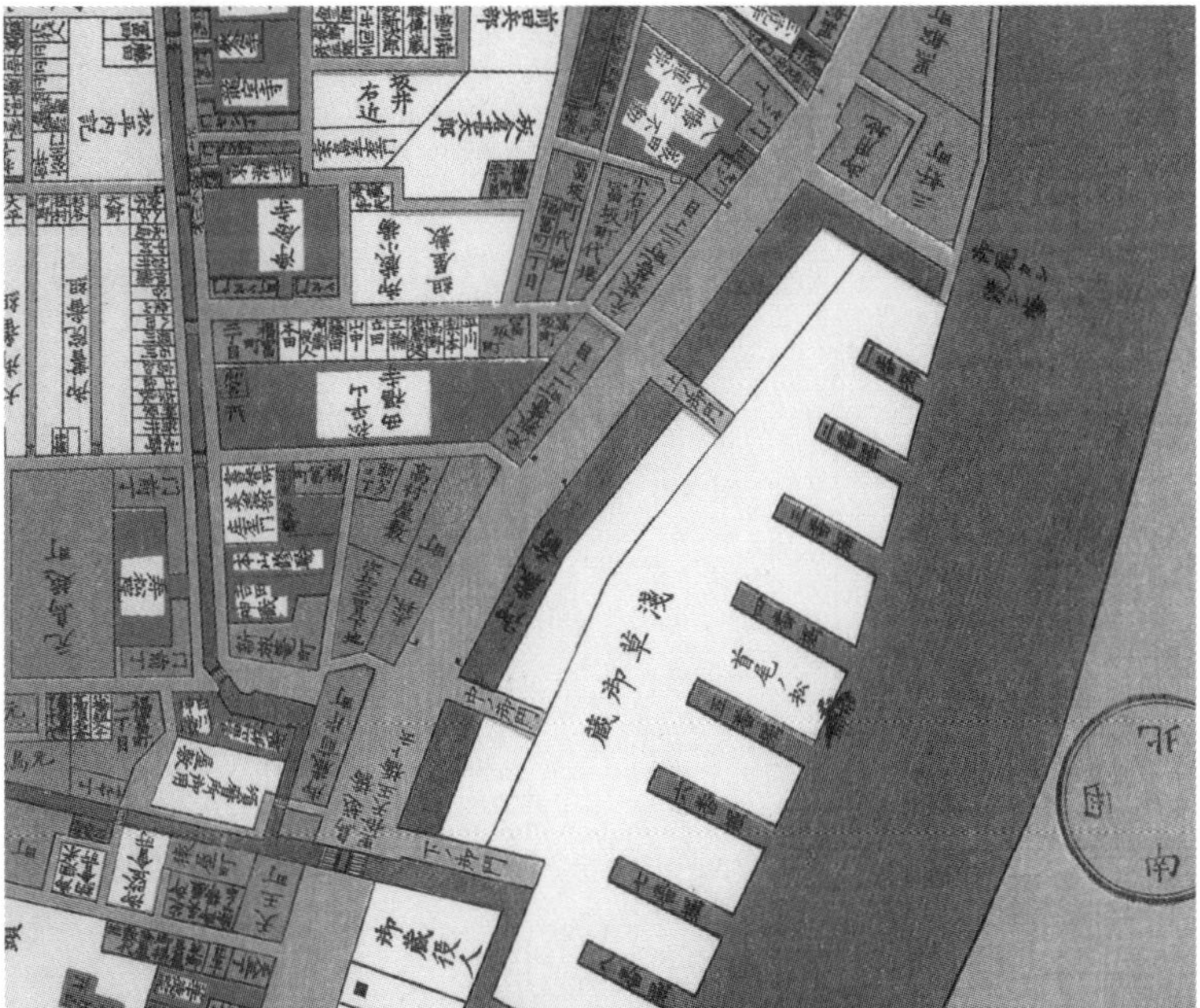

●━浅草御蔵と蔵前地区の町々
(尾張屋版・江戸切絵図「浅草御蔵前辺図」部分)

●━浅草御蔵中央の首尾之松(広重「名所江戸百景　浅草川首尾の松御厩河岸」)

にいたる三〇〇間余りの区間は、浅草御蔵を火災から守るための幅一二間余りの火除地をかねる道路、すなわち広小路であった。この通りは、江戸市中中心部から隅田川沿いに浅草寺《せんそうじ》へとつながり、またさらには陸路を新吉原や天保末期以降は狂言《きょうげん》三座の集まる芝居地・猿若町、また待乳山《まっちやま》▲、さらには吾妻橋《あづまばし》を越えて中之郷《なかのごう》や向島《むこうじま》▲などへと向かう主要な街路であり、人どおりのたえぬ繁華な地域であった。

前ページ図(江戸切絵図)をみると明らかなように、浅草御蔵の周囲には土手がめぐらされ、道幅が広くとってあり、浅草天王《てんのう》町・御蔵前片《かた》町・森田《もりた》町・元《もと》旅籠《はたご》町一丁目・同二丁目・大護院門前・三好《みよし》町の七つの町が隣接している。これらの七町は、いずれも基本的には片側町であることが特徴的である。天王町の場合、当初は両側町であったものが、一六八二(天和《てんな》二)年の江戸大火をへて、浅草御蔵の火除地確保のために八八(元禄元)年に町の東半分が没収され、片側町となった。そして東側の代替地は、本所竪川沿いにあたえられ、本所緑《みどり》町一丁目となる。また、御蔵前片町・森田町・元旅籠町一丁目・同二丁目は、もともと片側町であったが、一七一八(享保三)年十二月の大火ののち、町の奥行

▼**待乳山**　浅草聖天《しょうてん》町(現、台《たい》東《とう》区浅草七丁目)にある待乳山聖《しょう》天宮《てんぐう》のこと。

▼**向島**　隅田川を挟んだ浅草の対岸地域の総称。州崎《すざき》・寺島《てらしま》・渋《しぶ》江《え》・四《よ》つ木《ぎ》などの村々からなる。三囲稲荷《みめぐりいなり》・牛御前《うしごぜ》・秋葉《あきば》権現などの神社仏閣や著名な料亭など、美しい景観とともに江戸近郊の名所としてにぎわった。現、墨田《すみだ》区向島。

二〇間のうち東側一二間が火除地として幕府に収公された。それぞれ近隣に代替地があたえられるとともに、残地八間分には、その裏側に五間分の拝借地が許されている。

さて、この蔵前の広小路は数多くの床店などがならぶ一帯でもあった。ここを蔵前の床店場所と呼んでおこう。十八世紀前半から天保年間(一八三〇〜四四)にかけての経緯は、ほぼ以下のとおりである(『諸問屋再興調《しょといやさいこうしらべ》』一四巻による)。

(1)一七三三(享保十八)年　天王町など七町からの出願により、各町の自身《じしん》番屋▲のみでは広小路の警備が手薄だとして、商《あきない》番屋▲二四カ所の設置が認められる。蔵前の床店場所の骨格がここに形成されたといえよう。おそらく、のちの床店場所の多くは、非公認の葭簀張商人らがこれ以降店をならべたのではなかろうか。

(2)一八二〇(文政三)年　大円寺《だいえんじ》門前▲から大護院門前までの広小路の「明地《あきち》」の場所に、商床《あきないどこ》▲の経営を認可し、ここを床店場所として公認し、「地代請負」地として希望者＝請負人にその経営を委ね、請負人から地代を取り立てて、猿屋町会所《さるやちょうかいしょ》▲を運営する諸経費にあてることとした。請負人は、こ

▼自身番屋　町の事務所。町の自治に関する事務、防災・防火などを担う。町の木戸際などに設置された。事務員である書役《かきやく》が常駐し、月行事《がちぎょうじ》をはじめとする町の家守や、鳶頭《とびがしら》などが出入りした。

▼商番屋　自身番屋に併置された警備小屋を番屋というが、そのなかで雑貨品の小売り営業権をもつもの。番人と家族が居住し、その権利は株として売買された。

▼大円寺門前　現、台東区浅草橋二丁目付近。

▼商床　床店と同義。

▼猿屋町会所　一七八九(寛政元)年、猿屋町(現、台東区浅草橋三丁目付近)におかれた札差《ふださし》への公的融資機関。札差を監視する機能を有した。

▼**駆付人足**　火災・災害などのときに、幕府諸施設や公的機関に消火や防災のためにかけつける役負担。

うして占有した床店場所を細分化して床店を建築し、そこに多くの小商人を招いてこれから使用料を徴収し、請負額との差額を自己の収入とするものである。請負額は当初は年間一五〇両で、のちに二〇〇両となり、請負人はさらに非常時に御蔵への「駆付人足《かけつけにんそく》」▲を冥加《みょうが》としてつとめることとなった（『御府内備考』には、猿屋町会所付床店地所として独立した空間として把握しており、惣数五一軒とある）。

(3)一八四一（天保十二）年　商床の者たちが、夜商いをしたり、火の元の用心をおこたり、また町並みと同じように床店を立派な家作とし、そこに内々に居住する者も多くでて不取締りであるという理由で、享保期に認可された商番屋ともどもすべての商床が撤去され、請負場所は廃止となる。この結果、幕府は地代収入源を失うことになったわけである。しかしこの界隈は依然として「往来繁花之地《はんかのち》」であり続け、商床がなくては「往来人難《なん》儀《ぎ》」であるとして、その後も葭簀張の店でさまざまな商売が営まれ、地代や冥加も支払わず「勝手まま」な状態となった。

こうした状況を踏まえて、一八五九（安政六《あんせい》）年十月にいたり、蔵前の床店場所の復活が検討され始める。これは、浅草や本所の幕府米蔵の増設・改築・修理などに莫大な経費がかかり、その財源の一部として、文政年間(一八一八〜三〇)から天保改革以前まで、幕府が蔵前の床店場所からえていた地代収入が思い起こされたことによる。また、一八五七(安政四)年五月以降、同所の請負いを出願する者が一一人もあらわれ、それらの請負希望額が三〇〇両から最高七〇〇両にも達したことも幕府役人の関心を呼んだ。そして、天王町など七町も床店場所の復活を強く願いでている。

かくて一八六一(文久元)年六月に、蔵前床店場所の請負いについて入札《いれふだ》があり、入札者のうち、通塩町《とおりしおちょう》吉助店万右衛門《まんえもん》(太物並《ふとものならび》に仕立《したて》帯類《おびるい》渡世《とせい》)が、一年分冥加地代九三六両もの高額で落札した。これは幕府が当初見込んだ年間地代見積もり額の、実に四〜五倍にもおよぶものである。そして八月末に、床店場所が万右衛門に引き渡されると、同人による床店の普請《ふしん》が開始され、同所は正式には「御蔵付床店地所」と呼ばれることになった。また、これにともない、隣接の町ごとに合計六カ所の商番屋も復活させられることになったのである。

そこで、あらたな請負体制が再開されるのにともない作成された、「浅草御蔵

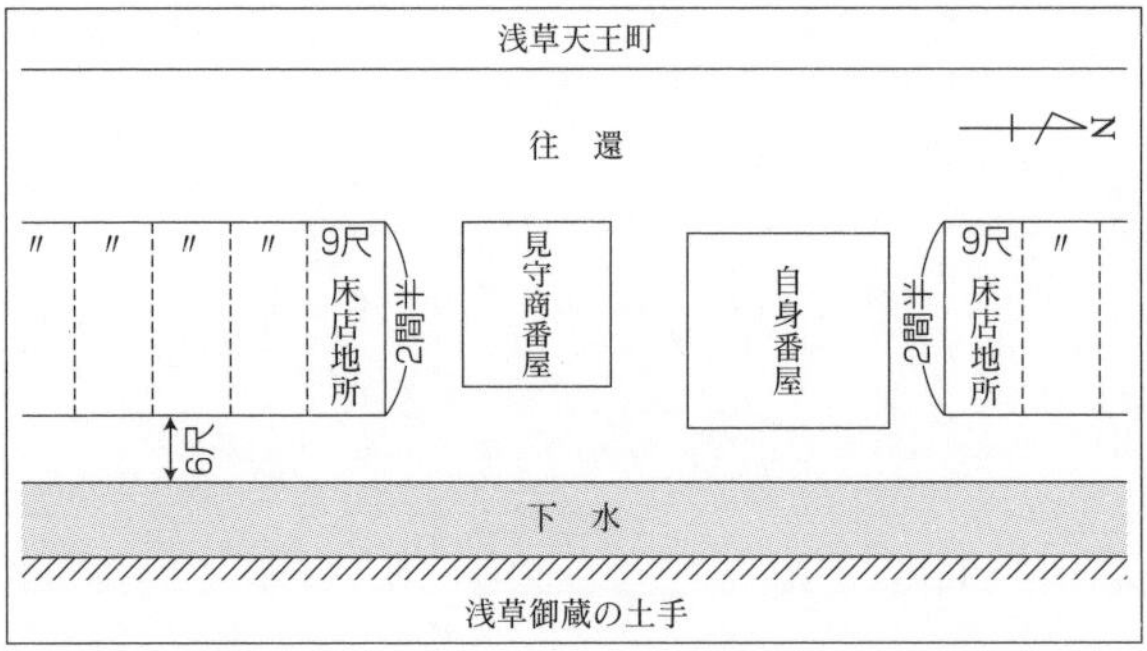

●浅草蔵前床店場所の構造
（『諸問屋再興調』一四巻より作成）

外仕法書」と「御蔵付床店地所取計向《とりはからいむき》心得方之覚」という二点の史料から、蔵前床店場所の経営に関する規定の内容をまとめてみよう。

(1)床店場所は、御蔵の土手下、つまり通りの東側で、御蔵の三つの門がある場所を除き、総延長四三五間余り（七八三メートル）の地帯上に設定された。これから、町の番屋や髪結床などがある場所を省いて、三四九間余り（六二八メートル余）のところが床店場所とされた。

(2)土手下の下水際から六尺分を非常用の通路として確保し、そこから表通り側に向かって奥行二間半、間口九尺を床店一軒分とした（上図参照）。そして、床店一〇軒めごとに一軒には番人が常住することとした。

(3)冥加地代は、年二～三季に分けて、御蔵役所へ上納する。

(4)蔵前の通りは、町が支配・管理するが、床店の軒下より内側は、すべて請負人の支配下におく。

(5)床店で、常住するかのような店構えや、大火を焚《た》くような商売などは禁ずる。

(6)番人常住の床店であっても、湯屋《ゆや》と髪結床を営業してはならないこと。

(7)床店の借受人には、床請状《うけじょう》をとって身元を確認し、保証人をおいて貸しつけること。

(8)床店借受人の人別は、当人が居住する町で管理されるが、床店請負人においても、当人の名前・渡世・居所・家族などを確認し、一カ月ごとに増減を報告すること。

(9)床店は「出《で》商《あきない》場所」であり、借受人の訴訟や身分にかかわることは、「居《い》町控店《ちょうひかえたな》」(当人が居住する町の家守)で行い、床店場所では一切関与しないこと。

(10)一方、床店に常住する番人は請負人の支配を受け、人別は請負人の居住する町において、召仕として記すこと。しかし、町の番屋であるので、訴訟や身分に関することは、すべて身元引受人が取りはからい、床店場所では扱わないこと。

(1)・(2)から、床店の数は最大二三二軒分となる。また、(2)にみられる番人常住の床店とは、江戸市中の各町に一般的に存在した商番屋とまったく同質ということになる。さきにみた、享保年間(一七一六~三六)に認可された同地区の商番屋は二四カ所であり、文久期には六カ所しか復活しなかったが、右では二三軒近くの番人常住の床店が増置されることになり、合計で三〇軒近くの商番屋が営まれることになろう。

右では、とくに床店場所の空間と人別の支配の特質が注目されよう。借受人の支配や身分的な位置は、(8)〜(10)にあるように、床店に常住する番人かそれ以外かで扱いが大きく異なるし、また請負人と番人との特異な関係(10)や、職種の限定(5)・(6)、また隣接する町との関係(4)なども注目されよう。

請負人万右衛門による床店場所の経営は、「床店賃滞りがち」を理由に、一八六四(元治《げんじ》元)年から五カ年間、二五％減の七二〇両とされているように、幕末期の経営は不安定さを増したものとみられる。しかし、一八七〇(明治三)年において、「浅草須賀《すが》町▲地先・浅草床店場所請負人万右衛門」の名で定番人(常住の番人)を雇いいれているのがわかり(東京都公文書館蔵「順立帳」明治三年-16-79件)、万右衛門は明治初年においても引き続き請負経営を維持している点を確認できる。また、床店の職分の特徴は未詳であるが、前掲史料によると、唐《とう》物《ぶつ》▲渡世・袋物渡世・古道具渡世・古着渡世などの例を拾うことができる。また、

▼**浅草須賀町**　一八六九(明治二)年に、天王町と大円寺門前・須賀門前が合併して成立。現、台東区浅草橋二〜三丁目。

▼**唐物**　「からもの」とも。海外からの輸入品の総称。反物《たんもの》・小間《こま》物《もの》・陶磁器《とうじき》・雑貨など多様。

後述するように、浅草御蔵前は、上野《うえの》山下・芝《しば》切り通しとともに、古鉄買《ふるがねがい》が御《ご》膳籠《ぜんかご》▲を道ばたにならべて「定《じょう》見世」同様に商売する場として有名であるとされており（旧幕「紙屑買《かみくずがい》」）、こうした点から、八品商《はっぴんしょう》（八〇ページ参照）が多く集う床店場所としての特徴を有したのではないかと推定する。

以上みたように、蔵前の床店場所の拡がる広小路は、両国東西の広小路と近似的な性格を示し、地理的にみてもその延長上にあったといえるのではなかろうか。

▼御膳籠　紙屑屋などが用いる竹製・方形の籠。

両国の拡がり

以上、両国とその近隣地域の空間と社会のありようを、概略的にではあるがたどってみた。ここには、盛り場・遊所・名所・市場・境内の連続的な展開がみられ、両国東西の広小路がその中核として位置づいていたということができる。しかし、両国を構成する諸要素については、このほかにもまだ検討すべき点も多い。たとえば、東両国から回向院界隈に分布する本所元《もと》町や尾上《おのえ》町・藤《ふじ》代《しろ》町の性格も気になるところである。また、西両国広小路を取り囲む米沢町や吉川町についても、その具体像は未詳である。さらに、両国と不可分の関係をもつ地域の拡がりは、ここで扱った以上に広汎におよぶ可能性も大きい。向《むこう》柳原《やなぎはら》土手の床店や夜鷹《よたか》▲の社会、また馬喰《ばくろう》町の代官《だいかん》屋敷や旅籠街、などにもおよぶかもしれない。こうして両国橋を中心に、その東西両側の広小路における多様な芸能・茶屋や市場の社会構造を磁極とし、広義に両国を構成する空間、あるいは両国による規定性を受ける地域は、予想以上の拡がりをみせるのではないかというのが、今のところの見通しである。そこには、町や大店・表店によって構成される町人地の社会とはやや位相を異にする社会構造が連続的に展開する。その一つひとつは、それぞれ独自の単位社会を構成しているのだが、しかし、東西両国広小路を軸に相互に干渉・影響しあい、相補的かつ相乗効果的に、清濁ないまぜの、全体として一個の確かな民衆的な基盤をもつ文化の発信源を成熟させたのである。

▼**夜鷹**　敷物を携え夜分街頭に立つ下級の売春婦。本所吉田《よしだ》町などが有名。

③―紙屑買の章

「江戸のリサイクル」

さて、これまでは江戸の都市社会＝空間を構成する諸要素のうち、町人地と町屋敷の土地の商品化、さらには橋や広小路《ひろこうじ》・河川流域に広がる両国という地域の特質などを検討し、近世における都市社会の固有性について考えてきた。この章では、対象や方法を少し変えて、町人地や広小路などを生業の場とする多様な民衆の職業や生活のようすをみるために、一つの職分をめぐる社会集団を取り上げてみたい。

それは紙屑買《かみくずがい》である。この素材は同時に、現代の大量消費社会を批判するための検討素材としても興味深い。これは、前近代における消費・廃棄システムを「江戸のリサイクル」といったような視点で取り上げるようなことになるが、単に現代のゴミ処理問題解決への示唆を得ようとするのではなく、巨大城下町・江戸における生産・流通・消費・廃棄にかかわる構造とその特質を、全体としてとらえようということである。

古鉄買

紙屑買を取り上げる前に、これと密接な業種として、古鉄買《ふるがねがい》に少しふれておきたい。

一七二三(享保《きょうほう》八)年五月、町奉行所《まちぶぎょうしょ》は紛失物の取調べを目的として、盗品などを扱う可能性のある八つの職種に組合を定めるように命じた。この八つとは質屋・古着屋・古着買・古道具屋・唐物屋《とうぶつや》・小道具屋・古鉄屋・古鉄買であり、これらは八品商《はっぴんしょう》と総称されることになる。当時延べ一万八三九人の八品商が、近隣の者一〇人ずつを小組とし、さらに地域ごとの大組一七組に編成された。そして職種ごとに構成員のリスト(名前帳)を町年寄《ちょうどしより》▲樽《たる》氏の役所に提出させられ、営業権を示す鑑札《かんさつ》が交付されたのである。このなかで、古鉄屋は七五組七九三人、古鉄買は一〇一組一一六人におよんだ。古鉄屋と古鉄買の差異は、前者が売り、後者が仕入れ買いにそれぞれ特化することによるものとみられるが、実際には兼業する者も多く存在したと推定される。

一七九一(寛政《かんせい》三)年十一月に、無札の古鉄買を取り締まるための町触《まちぶれ》が交付され、二八組の行事《ぎょうじ》▲にあらたな焼印札《やきいんふだ》▲があたえられている(『江戸町触集成』九八

▼**町年寄**　町奉行所のもとで、江戸市中《しちゅう》の行政を担う御用町人。奈良屋(館)・樽(屋)・喜多村の三家が世襲でつとめた。樽の役宅は本町二丁目におかれた。

▼**行事**　仲間の運営にあたる役職。

▼**鑑札・焼印札**　町年寄役所が交付する木製の札。営業許可証の役割をもつ。

●古鉄買の鑑札

古鉄買札

嘉永六丑年九月　何町誰店
何番組之内　誰
丑何歳

▼両懸け笊　天秤棒《てんびんぼう》の両端に二つの笊をかけて持ち運ぶもの。

▼寛政改革　一七八七(天明《てんめい》七)年から九三(寛政五)年にかけての幕政改革。老中松平定信《ろうじゅうまつだいらさだのぶ》らが主導した。

▼目籠　中身のすけてみえる竹製の籠の総称。

〇六)。これによると、(1)古鉄買が持ち歩く「両懸《りょうが》け笊《ざる》」に「何番組古鉄買誰」と明記した札を差して目印とすること、(2)一〇人ほどずつを単位とする組合を再整備し、紛失物の調査や仲間外の者の排除を行うこと、などを厳しく命じている。寛政改革のなかで、八品商のうちなぜとくに古鉄買が取締りの対象となったのかは未詳であるが、他の職種に比してより流動的な営業形態をもち、また仲間外の他者が参入しやすい特徴をもったのではないだろうか。

一八一二(文化《ぶんか》九)年九月、ふたたび古鉄買の不取締りを理由に、町触がだされるにいたる(『江戸町触集成』一一六〇七)。これによると、古鉄買らは差札を用いず、「外渡世之内」にも籠を担ぎ歩いて「紛らわしい品々を買い取り」、火事場でもあやしい品を買い上げているとしている。またこの町触では、同時に紙屑買らは本来、中がすけてみえる目籠《めかご》を使うべきなのに、近来は「透け見えざる籠」を用いて、どんな品を仕入れているかわからないようにしている点を問題としている。

以上を受けて一八一七(文化十四)年には、古鉄買・古着買・古道具買・紙屑買などを対象にして、不正な取引を取り締まる町触がだされている(『江戸町触集成』一一七五四）。このときの評議では、つぎのような注目すべき指摘がみられる（旧幕「紙屑買」）。

(1)古鉄買どものうち、立場《たてば》と唱え、売子ども大勢これあり。御膳籠《ごぜんかご》ならびに元手《もとで》銭《ぜに》など貸し遣わし、古鉄・古道具・紙屑とも買い出させ、一手に引き受け候由。

(2)浅草《あさくさ》御蔵前《おくらまえ》、上野《うえの》山下、芝《しば》切り通し辺り、その外《ほか》盛り場などにて御膳籠へ古鉄類を並べ商い致し候ものどもは定見世《じょうみせ》同様にて、振売《ふりうり》は致さず。

右では、古鉄買には立場と称する者がおり、売子を大勢おいて、これに御膳籠や元手銭を貸与して、古鉄ばかりでなく、古道具や紙屑も買いださせている、とある。また、浅草御蔵前などの盛り場で、古鉄買らは御膳籠をならべて、定見世同様に見世をだす者がいるとある。

紙屑買

前項でみたように、古鉄買は古鉄以外に紙屑を扱うことがあった。紙屑を扱う業者を紙屑買と称するが、これは享保年間（一七一六〜三六）に設定された八

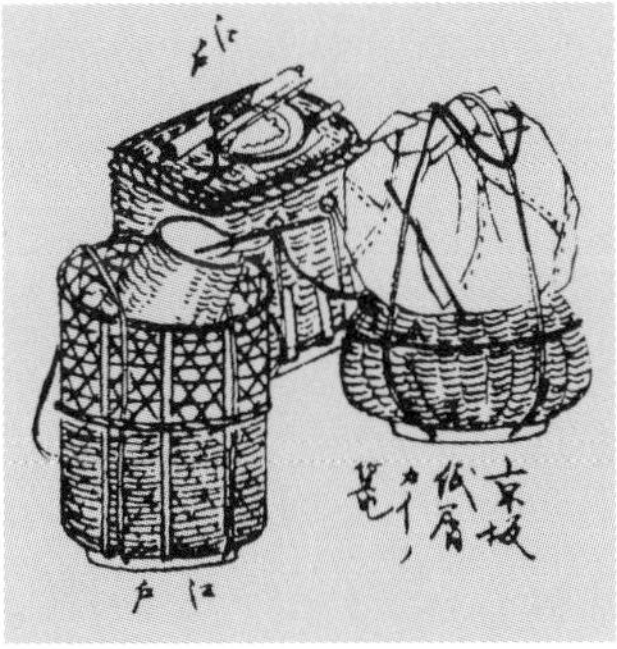

●——**紙屑買の籠**　右は京・大坂のもので、左の二つが江戸のものとされる（『守貞謾稿』）。

品商のなかに実は含まれていない。紙屑買に関する史料は、主として十九世紀以降にみられるが、この紙屑買をめぐる社会のありようをここで検討してみよう。

　都市社会において廃棄される既消費物資の中心はゴミである。日本近世における廃棄物＝ゴミは芥《あくた》と総称されたが、現代とは異なり、その質量はきわめて限定されたものであった。というのはひとたび消費されたものの多くが、当初とは異質な商品として再生され、二次的な消費過程へと供されたからである。ここではその代表的なものとして紙屑を取り上げてみよう。

　日本の近世社会においては、文書による行政・経済のシステムが非常に高度に発達した。こうした点を基礎にして、上は幕府機構から、下は村や賤民《せんみん》組織にいたるまで、日々厖大な量の紙が人びとの生活・生産活動にともなって消費された。そのうちの一定量は文書や書籍などとして保存・堆積されてゆくことになるが、大半は非現用文書、すなわち反古《ほご》・紙屑として「廃棄」されることになる。そしてそれらのほとんどは回収され再生・再消費されたのである。江戸にはこうした反古の有料回収に直接あたる人びとの職分が成立し、紙屑買と呼ばれたのである。

紙屑買仲間への志向

はじめに、十八世紀後半から十九世紀前半において、たびたびみられる紙屑買仲間の公認化を求めるいくつかの動きをたどりながら、紙屑買の動向を探ってみよう。

（1）一七五四（宝暦《ほうれき》四）年五月、浅草三軒町《さんげんちょう》家主《いえぬし》五郎右衛門《ごろうえもん》と同所田町《たちょう》長次郎店《じろうだなやす》安右衛門《えもん》の両人が、「紙屑反古買請方《ほごかいうけかた》」の認可を求めて町奉行所へ出願する（『江戸町触集成』七〇六五）。

これは、漉返紙《すきかえしがみ》を生産する江戸の漉屋《すきや》たち（これより前の時点で一七〇余人におよぶとある）に、原料となる古紙＝漉種《すきだね》を安く供給するために、出願の両名が紙屑反古買請方となることの許可を求めたものである。願書によると、漉返紙は江戸の「下々のものども遣い紙」、すなわち庶民の広汎な需要に応じるものであり、安価に販売すべきところ、一部の資力のある者が紙屑を買い占め、価格を高騰させており、このために零細な漉屋たちが困窮している、というのである。両人は、この出願が認可されれば、⑴紙屑の小買いにまわる者に焼印を渡して統制し、⑵大切な反古が紛失するのを防ぎ、⑶冥加《みょうが》として牢屋敷《ろうやしき》▲役所で用いる紙を年一〇〇両分上納する、と述べている。しかし諮問を受けた市中の名主《なぬし》たちは、一部の者に紙屑の買取りを独占させては取引が「手狭《てぜま》」になると反対したために、この出願は却下されている。

（2）一七九〇（寛政二）年十一月、麻布《あざぶ》宮村代地《みやむらだい》町《ちまち》家主小兵衛《こへえ》が紙屑買仲間の許可を求めて出願する（『東京市史稿』産業篇三五巻）。

小兵衛は数年来「紙漉並びに紙屑渡世」を職業とするが、漉種の高騰により紙漉きの者が「難儀《なんぎ》」となっているとして、紙屑買仲間の認可を求め、これにより漉種価格を安定させようと試みている。仲間が公認されれば、「大切の御書物」が紛失してもすぐ調査ができるとし、腰札を紙屑買に交付して、他商売の者が紙屑の買取りに参入しないようにし、これらの業務の対価として、紙屑買から一人一カ月六〇文ずつを徴収したいというものである。しかし、この出願も、「株式同様で手狭となる」という理由で、不認可となっている。

（3）一八二七（文政《ぶんせい》十）年六月、本材木《ほんざいもく》町五丁目金次郎《きんじろう》店茂兵衛《もへえ》、松屋《まつや》町儀助《ぎすけ》

▼**牢屋敷**　江戸小伝馬《こてんま》町におかれた江戸時代最大の牢屋。町奉行所管下で、囚獄《しゅうごく》石出《いしで》帯刀《たてわき》が差配した。拘置・拘禁・拷問・処刑などの諸機能をもつ。

店庄兵衛《しょうべえ》らが紙屑問屋の設立許可を求めて出願する（旧幕「紙屑買」）。
出願者の両人は「古着・古道具・古鉄類並びに紙屑渡世」の者で、紙屑買のみ仲間が存在せず、不取締りであるという理由で、自分たちを含めて紙屑問屋を何人か設置してほしいと出願している。彼らのいう不取締りとは、紙屑を買い受ける立場《たてば》と称する仲買が二〇〇軒ほどあり、そこで古ぼろ・古鉄物なども取引されており、紛失物の取調べにも支障が生じるということである。そして、その代償に、石川島人足寄場《いしかわじまにんそくよせば》の漉屋に「上紙屑」を年三〇〇貫目ずつ上納するとしている。茂兵衛・庄兵衛の二人もおそらく紙屑仲買＝立場を兼業する者であろうが、紙屑取引の取締り強化を名目として、流通の支配を試みようとしたものであろう。

この出願を受けて、町奉行所では対応を協議するが、そのなかで立場と称する紙屑仲買の多くは古着・古鉄買・古道具屋の仲間にも加入している現状を述べ、またなかにはこれらの仲間にはいらず、古着なども扱う紙屑仲買が存在するとしている点が注目される。そして、立場に集うのは「売子と唱え候小前《こまえ》のもの」で、彼らが市中に紙屑を買い歩くとしている。

この出願について、一八二九(文政十二)年八月に他の紙屑買から意見が聴取されているが、浅草三島《みしま》門前与右衛門《よえもん》店六右衛門《ろくえもん》(代理人・治郎右衛門《じろうえもん》)、同所福《ふく》川《かわ》町重蔵《じゅうぞう》店友七《ともしち》、神田佐久間《かんださくま》町二丁目平助《へいすけ》店伊兵衛《いへえ》の三人は、これに対して「最寄《もよ》り紙屑渡世にはかねてから自法《じほう》をもつ仲間があり、これに相談しました。その結果、紙屑渡世は江戸の場末《ばすえ》に住む者が多く、零細な者もいるので、出願者がいうような冥加の負担をするような仲間をつくられては困る者が多いだろう、ということになりました。これまでどおりにしてください」として、強く反対している。この三人は紙屑買の「自法仲間」の代表ともみられるが、茂兵衛・庄兵衛の出願内容が、大多数の紙屑買の利害に反することがうかがえ、結局は認可にいたらなかった。

(4)一八三〇(文政十三＝天保《てんぽう》元)年五月、浅草吹上《ふきあげ》御庭方《おにわかた》拝領屋敷秀蔵《ひでぞう》店辰《たつ》五郎《ごろう》、同所黒船《くろふね》町代地平吉《へいきち》店惣兵衛《そうべえ》を惣代《そうだい》とする紙屑屋五四人が紙屑仲間公認を求めて出願する(旧幕「紙屑買」)。

この五四人は「古着・古道具・古鉄類並びに紙屑渡世」を営むが、紙屑屋仲間の「名目」を求めて町奉行所に願いでている。彼らには「内仲間」があるが紛失物

●――反・辰五郎派紙屑屋の分布

紙屑屋	人数
日本橋最寄	17
芝	15
麻布	20
麴町	19
神田	6
本所深川	31
浅草聖天町	18
合計	126

などの調査も行きとどかず、このために他の問屋・仲買と同様に町年寄役所に仲間の名前帳を提出して、構成員の出入りをチェックし、また江戸市中「最寄り」ごとに組合を組織して、それぞれに行事をおくとしている。また、「買出しの者」には目印を渡し、元手銭が不足する者には仲間から貸与すると述べている。ここでは、辰五郎・惣兵衛を頂点とする単一的な仲間が構想されているのではないか。

この出願に対しても、紙屑買の内部から異論が提出されている。これは上表の一二六人によるものである。その言い分を聞こう。

私たちは前々から紙屑ならびに古帳類の売買渡世を営んでいます。このたびの辰五郎らの出願については、たしかに渡世の取締りには有効であり、ありがたいことだとみな思っています。しかし、これによって辰五郎らがリーダーのようになり(「頭立《かしらだち》」)、紙屑渡世全体を差配するようでは迷惑であり、そのうえ諸雑費がかかるのではと心配です。今回の出願者に関わりなく、最寄りごとに組合を立てて、名前帳を提出したいと希望します。

要するに、仲間公認という点では一致するものの、辰五郎や惣兵衛らのヘゲモニーをきらい、地域（最寄り）ごとの組合を基礎とするフラットな仲間構成への志向をもつとみられる。

この一件を調査した町年寄樽吉五郎によると、当時江戸の「古帳・紙屑屋」は二六三人おり、このうち一三七人は辰五郎らに同意して連判に加わり（当初出願の五四人との関係は未詳）、残る一二六人は前述のような意味でこれに反対しているとする。この結末については未詳であるが、その後の状況からみて、仲間の公認にはいたらなかったものと推定される。

以上のような仲間の認可を求める動向から、紙屑買の職分についてまとめると、以下のようになろう。

①紙屑買は、紙屑仲買である商人と、売子・買出人と呼ばれる部分に二重化していた。ここで仲間の公認化を求めている部分はいうまでもなく前者の仲買層である。

②紙屑仲買はこの間ほぼ二〇〇〜二六三軒もの多数におよび、自法仲間、内仲間と呼ばれる非公認の共同組織を有した。彼らは立場とも呼ばれ、そこに集う売子たちに荷籠と元手銭を貸与し、彼らが回収してくる紙屑・古紙

を買いとって、漉屋へと供給する業者である。古鉄買や古着買などにもこうした存在を同様に立場と呼び、複数の業種をかねるのが一般的であったとみられる。

③古鉄買・古道具屋・古着買などには株仲間が存在したが、紙屑買においては公認された仲間はみられない点に大きな相違がある。紙屑買の一定部分がかりに古鉄買などを兼業したとすると、ここでみたような紙屑買仲間公認化への志向の背景にはなにがあるのかが問題となろう。(4)でみた事例で、辰五郎グループは古鉄買などを兼業する有力商人で、一方一二六人の反・辰五郎グループは、「古帳・紙屑屋」に特化した零細な仲買層である可能性もあるのではないか。

売子と非人

さて、紙屑仲買の立場に従属的に存在する売子とはどのような存在なのだろうか。前述のように、売子は立場で荷籠や元手銭を借りて、あちこちを買い歩き、夕方になると買いとった紙屑・古紙を立場に持ち帰り、元手銭や荷籠の借り賃などを差し引いて（割合勘定）、残額を収入（売徳《うりとく》）とした。彼らは、つねに紙屑買に従事するというのではなく、独自の取決めもない「素人《しろうと》」の零細な「小前」であるとされている（旧幕「紙屑買」）。これから、他の棒手振《ぼてふり》と類似する都市下層民衆の一群が、必ずしも専業的にではなくこれに携わったことがうかがえよう。

つぎの史料は『藤岡屋《ふじおかや》日記』の一八五一（嘉永《かえい》四）年五月中旬の記事である（四巻）。

下谷《したや》山崎町　紙屑買徳助《とくすけ》

この者、屑買いに出で候に、草履《ぞうり》と草鞋《わらじ》二足ずつ持ち候由、千住《せんじゅ》▲辺りを平常廻り候故、引き合い多し、ある日、板橋《いたばし》駅▲にて盗み致し候処に見つけられ、逃げ出し候処、追廻し、田歩《たんぼ》に百姓《ひゃくしょう》大勢居候故捕らへ、棒縛りに致し置き候ところに、加役《かやく》▲の手先の者聞きつけ召し捕らえ候よし。

此の者、近在ばかり歩行《あるき》て空きす（空巣）をねらい働き候処に、五月十八九日頃板橋平尾《ひらお》辺りにて空きすへ入り、一ト包み持ち出し候処を見つけられ、兼ねて顔は見知り候者故、心付け居り候処に盗み致し候故、近所にて大勢出

▼**千住**　日光道中《にっこうどうちゅう》・奥州《おうしゅう》道中の初宿。江戸北端の小塚原《こづかはら》町から隅田川を千住大橋で越えたところに位置する。

▼**板橋駅**　中山道の初宿。江戸市中《しちゅう》北西のはずれ巣鴨《すがも》町に隣接し、上宿《かみじゅく》・中宿《なかじゅく》・平尾町の三町からなる。

▼**加役**　先手組《さきてぐみ》加役の火付盗賊《ひつけとうぞく》改《あらため》のこと。江戸市中で、放火・盗み・博奕《ばくち》などの取締りを担当した。

で是を捕らへて、一夜立木へくくし《（括り）》付け置き、翌朝放し候処に加役の手へ召し捕らえらるる也、板橋に二十四五ヶ所引き合いこれあり候よし、千住にも同断也。

右で徳助は、千住や板橋辺りに多くの取引先（引き合い）をもち、これらをテリトリーとして紙屑の買入れにまわっていたことがうかがえ、専業的な紙屑買＝売子であることが想定できる。

カバー裏の図は、「熙代勝覧《きだいしょうらん》」▲の一カットであるが、ここに描かれるのは、室町一丁目中ほどの伊勢屋《いせや》の店前《みせさき》で古紙を買いとろうとする紙屑買＝売子である。彼は今、「引き合い」先の表店からえた紙屑を竿秤《さおばかり》▲に小さな籠を用いて計量中であり、買いとったあとは、足下の「見透かし候目籠」に回収してゆくのであろう。

ところで、幕末期の日本を描いた外国人の絵に上図のようなものがある。これは「屑屋」と題されている。この男は、肩に布袋のようなものをかつぎ、左手に籠をもち、右手にもった長い箸《はし》状の二本の棒で、路上の紙屑を器用に拾い集めている。江戸で描いたか否かは未詳であるが、これは非人《ひにん》であると考えられる。一七二三（享保八）年の町触によると、江戸市中の裏店《うらだな》に「紙くずひろい、

▼**「熙代勝覧」**　十九世紀初頭の江戸日本橋《にほんばし》中心部を詳細に描いた彩色の絵巻《えまき》。作者未詳。ベルリン東洋美術館蔵。（浅野・吉田、二〇〇三参照）。

▼**竿秤**　多様な種類があるが、買い歩く紙屑買が用いるのは、小型の千木秤《ちぎばかり》とみられる。

●――ヌービル画「屑屋」（『アンベール・幕末日本図会・下』）

古木切れひろい、雪駄直し《せった》」などのために非人が入り込むことを防犯的な観点から禁止している(『江戸町触集成』五九〇一)。つまり町屋敷内部に非人が立ち入り、紙屑を回収することを禁じているのだが、これから逆に、道路上や広小路・川端などで紙屑を拾うのは、都市のキヨメを担う非人の職分の一つとみなされたことがうかがえる。つまり、町屋敷の表店《おもてだな》や裏店の紙屑・古紙は有料で紙屑買によって回収され、路上の紙屑は、無償で非人が回収したということである。こうして非人により、元手銭なしで回収された路上の紙屑も、おそらく紙屑仲買の立場へと買いとられてゆくものと推定されよう。

漉屋と地漉紙仲買

一方、紙屑仲買の立場に集荷された紙屑・古紙はその後どのように流通するのか。この点を一八四二(天保十三)年十二月の町触(『江戸町触集成』一三八二八)から検討しよう。

この町触は、紙屑と漉《す》き返した紙の値段を引き下げるように命ずるものであるが、当時の現状と値段引下げの仕法《しほう》を、かなり具体的に記している。その内

▼盤尺　紙漉に用いる木枠。

●──漉返紙漉立ての試算

	a 反古1貫 の仕入代	b 漉手間・ 諸掛	a＋b 元値段	漉立 枚数	一把(100枚) 当り単価	重さ
白	文 740	文 306	文 1,046	枚 1,200	文 87.2	目 900
反古	530	224	754	848	88.9	807.5
下物	330	216	546	648	84.3	648

(『江戸町触集成』13828による)

容は以下のようである。

①江戸で回収された紙屑は、「遠国《おんごく》」と江戸「近在《きんざい》」へと流通するが、このときは遠国への出荷を禁止し、近在の紙漉屋へのみ渡すように命じている。

②紙屑は、白・反古・下物《したもの》の三とおりに仕分け、漉屋に渡した漉種それぞれからつくられる漉返紙の重量と手間賃《てまちん》をあらかじめ定め、できた製品はすべて紙屑屋が受け取ること。

③漉返紙の寸法が小さくなり、また薄くなるなど、品質を悪くしての事実上の値上げを許さないようにし、紙漉の盤尺《ばんじゃく》▲を縦九寸・横一尺一寸として、翌年正月からは一〇〇枚につき一〇〇文で小売りすること。ただしこれ以下の値段で販売するのは自由である。

上表は、この町触に付された別紙から作成したものである。紙屑の品質に応じて、漉屋を通じてどのように漉返紙とするかを試算している。たとえば、「白」についてみると、a古紙一貫目の仕入れ価格は七四〇文、b漉屋に支払う漉手間と諸掛(未詳。漉屋に支払う諸雑費か)が三〇六文、これから漉返紙が一二〇〇枚つくられ、その重量は九〇〇目である。つまり「元値段」(元手)を一〇四

●──1842(天保13)年当時の「紙漉屋ども住居」の分布区域

入谷村, 下谷金杉村, 箕輪通新町(三ノ輪), 麻布本村町, 渋谷広尾町(以上2町に34軒), 根津門前町, 亀戸町, 新鳥越町, 浅草橋場町, 同今戸町, 関口水道町, 音羽町

(『御触書集覧』による)

▼淵江領　現、東京都足立区。三九カ村からなる。

▼十組問屋仲間　一六九四(元禄七)年に結成された、菱垣廻船《ひがきかいせん》による上方《かみがた》からの下《くだ》り荷《に》の海損共同保証を軸とする問屋仲間の連合組織。

六文(a＋b＝銭一貫と四六文)かけて一二〇〇枚の漉返紙が再生される。これは元値段一貫文当りに換算すると一一四七枚となり、小売の単位一把一〇〇枚として一一把余にあたる。そして一把一〇〇文で小売りすると、売上げは一一四七文となり、一把当りの利益は一〇文余となる。これが紙屑仲買の「売徳」となる。

　さきにみたように、一七五四(宝暦四)年当時一七〇人余りの漉屋が存在した。上表は、ここでみた一八四二(天保十三)年当時の江戸の紙漉屋が分布する区域を示すものである。とくに浅草から三ノ輪《みのわ》にかけての一帯がめだつ。伊藤好一氏によれば、こうした漉屋は足立《あだち》郡淵江《ふちえ》領▲辺りにも広く分布し、その漉返紙は浅草紙《あさくさがみ》と呼ばれて、「下々の者ども遣紙」として、江戸市中で広く販売されたとされる(伊藤、一九八二参照)。

　ところで、こうした江戸界隈の漉返紙に携わる業体として、地漉紙仲買という者が存在した。彼らは、一七九一(寛政三)年に十組問屋仲間《とくみといやなかま》▲に九七人で加入しており「地廻《じまわ》り紙漉製候ものより買い取り、素人へ売りさばく」とある(『諸問《しょとい》屋《や》再興調《さいこうしらべ》』一五巻)。これは、右にみた漉屋からの集荷を行う職種ということになる。また「諸問屋名前帳▲」によると、一八五一（嘉永四）年段階で三二人の地漉紙仲買がおり、さらに五七（安政四）年六月以降、これに二三二人もの新規メンバーが加わっていることがわかる。

　この地漉紙仲買とはなにかについて今のところ未検討であるが、さきにみたように、紙屑屋には市中漉立てを取り扱う者と、漉立てをしない小前の者とがいること、また一八四二年の町触にみられたように、漉返紙の集荷にも紙屑買がかかわることから、紙屑仲買の相当部分と地漉紙仲買の多くは一致するものと考えられる。そして、一八五七年に地漉紙仲買に加入した二三二人もの大量の商人は、ほぼ全員が同時に紙屑仲買ではないかと推定されよう。

消費と廃棄のシステム

　次ページの図は、以上述べた点をまとめたものである。なかでも漉屋をめぐる生産構造と、他方で紙屑渡世＝地漉紙仲買から漉返紙の供給を受けたとみられる荒物屋《あらものや》▲や商番屋《あきないばんや》などにおける販売＝小売りの具体相などが、民衆の生産や消費生活との関わりで重要であるが、今のところ未解明である。

▼**「諸問屋名前帳」**　株仲間《かぶなかま》再興時以降の江戸の株仲間構成員を職種ごとに記載するもの。国立国会図書館閲覧部編『旧幕府引継書目録』に収録。

▼**荒物屋**　日用の雑貨を扱う業種。新堀組《しんぼりぐみ》・住吉組《すみよしぐみ》などの荒物問屋仲間が存在した。

●──紙屑の廃棄・再商品化システム

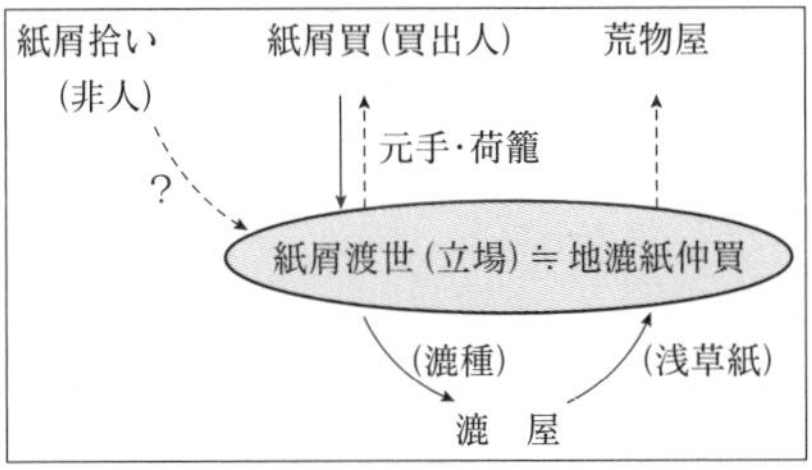

ここでみたように、紙屑をめぐる巨大都市から近郊村落におよぶ回収・再生・再消費の構造には、都市下層民衆や非人をも含めて、多様な社会集団がリンクしており、これらの構造は、有力な地漉紙仲買≒紙屑渡世を中核とする商人集団のヘゲモニーによって起動され、統合・編成されたことがうかがい知れるのである。そしてこうした構造は、近代の屑屋をめぐる社会構造へと引き継がれ、東京においては一九五〇年代以降まで存続することになるのである。

このほか、「消費と廃棄」システムを検討するうえでは、糠《ぬか》(玄米から白米への精製が、同時に糠という商品の生産過程でもある)、蠣殻《かきがら》(最近の川勝守生氏の研究により、石灰岩《せっかいがん》とともに蠣殻が石灰の原料となり商品化されるシステムが解明されつつある)、芥《あくた》(芥請負人という業者の手による、下肥《しもごえ》と類似のシステムがみられる)などについてもあわせて扱う必要がある。

こうした品目や他の局面を含めて、日本近世の巨大城下町・江戸における「消費と廃棄」システムの特質を仮説を交えて小括しておこう。

①まず注目されるのは、消費が一度で終息せず、繰り返し再商品化・再消費され、容易には廃棄されないという点である。都市の生活的消費のあらゆ

る過程で、再商品化が可能な素材が生み出される。かくて最終的な廃棄物は現代社会に比して極度に少なくなる。

②こうした再商品化の構造は、都市域と周辺の在地《ざいち》社会を超えて展開する。都市は単なる消費の場ではなく、在地社会に不可欠な肥料や衣料などの素材を「生産」する供給源でもある。つまり下肥・糠・石灰などをみると、都市の消費生活が農村部の生産活動と有機的にリンクする、一見すると高度にエコロジカルなシステムのようではあるが、しかし生産力の低位な段階が必然化した、即自的なシステムなのだといえよう。

③こうした廃棄・再商品化のシステムを権力や自治団体が直接担うことはない。都市内、および都市周辺社会の商人が、こうした「公共」的業務を全面的に請け負い、扱う品目ごとにそれぞれの職分を形成し、社会集団を重層的に構成しつつ、廃棄・再商品化システムを成熟させていったのである。そして、こうしたシステムの中核には市場《いちば》が存在したのである。

以上の点からみて、前近代における廃棄・再商品化システムの表層的な観察からえた知見だけに頼って、現代の大量消費・大量廃棄社会とこれらを素朴に対比させ、現代社会を批判したりするだけでは安易で一面的であるといわざるをえない。システム自体がもつ歴史的な構造、またシステムの諸過程にかかわる社会集団の性格、さらにはこれら社会構成の全体像の特質を十分把握しながら、過去からの現代批判の視座を獲得しなければならないだろう。

「失われた過去」へのアプローチ

以上、本書では、町屋敷《まちやしき》、両国《りょうごく》、紙屑買《かみくずがい》という、一見すると相互にあまり関連のなさそうな三つの素材を取り上げて、巨大城下町・江戸の諸相とその歴史的な段階性について考えてみた。これらの素材をとおして、二十一世紀冒頭という現在を生きる私たちが、過去の失われた社会や空間の全体像を、実態に即して精緻に把握しようとする試みのもつ意味を改めて考えたいということである。こうした一つひとつの素材の検討を通じて、普通に暮し、誠実に働き、固有の文化を生きた人びとの歴史をたどることは、未来を生きる普通の市民となるであろう子供たちや若い世代にとって、現代社会の問題点を根源的に捉え返し、二十一世紀初めの到達点を再確認して、近い将来を少しでも生活しやすい社会へと成熟させてゆくためにも大切なことではないかと考える。

さて、過去の失われた社会を考えるうえで、視点や方法としてポイントとなる点をあげると、それは以下のようになるだろう。

(1)過去の社会を、その民衆的な生活と生産を基盤として事実に即して解明し、失われた社会構造を再構成する。

(2)過去の社会を、それが営まれた舞台としての空間構造の精緻な復元とともに、できるだけ具体的・可視的に明らかにする。

(3)「名もなき普通の民衆」の存在を、無名でのっぺらぼうなものとしてではなく、可能であれば個人レベルにまでおりてその歴史を分析・叙述し、また史料的な困難があれば、個人を育んだ共同体・共同組織・集団などの実態解明を軸に追究・描写する。

(4)失われた社会＝空間を復元的に再構成し、叙述する場＝単位は、一定の意味のあるまとまりであるべきであり、これを民衆的な生活や生産、文化の基盤とかかわらせていえば「地域」がその枠組みに相当する。

このような点からの筆者による叙述の試みは、端緒的にではあるが、拙著

『日本の歴史17巻　成熟する江戸』（講談社、二〇〇二）でも行ってみた。この小冊子では右の拙著で不十分な点を部分的にでも補うことをあわせて狙いとしている。併読していただければ幸いである。

●──写真所蔵・提供者一覧(敬称略, 五十音順)

江戸東京博物館・東京都歴史文化財団イメージアーカイブ　　カバー表, p. 60下
慶應義塾　　p. 57上
国立国会図書館　　p. 49下
東京国立博物館　　p. 28－29上, 扉
東京大学経済学部文書室　　p. 33, 35, 37上
東京都立中央図書館東京誌料文庫　　p. 69下
東北大学史料館　　p. 7
ベルリン国立博物院東洋美術館・ユニフォトプレス　　カバー裏, p. 28下, 29下
(財)三井文庫　　p. 37下

②—両国の章
浅野秀剛「『東都首尾の松図』をめぐって」浅野秀剛・吉田伸之編『浮世絵を読む』6巻, 朝日新聞社, 1997年
加藤康昭『日本盲人社会史研究』未来社, 1974年
川名登『近世河川水運史 上　近世日本の川船研究』日本経済評論社, 2003年
小林信也「江戸町方の広小路における店舗営業と助成地経営」『史学雑誌』106編6号, 1997年(同著『江戸の民衆世界と近代化』山川出版社, 2002年に収録)
成島柳北「柳橋新誌」『新日本古典文学大系』100巻, 岩波書店
横山百合子「江戸町人地社会の構造と床商人地代上納運動—幕末維新期神田柳原土手通り床店地の事例から—」『年報都市史研究』7号, 1999年
吉田伸之「『江戸』の普及」『日本史研究』404号, 1996年([吉田, 2003]に収録)
吉田伸之「両国」浅野秀剛・吉田伸之編『浮世絵を読む』5巻, 朝日新聞社, 1997年([吉田, 2003]に収録)
吉田伸之「両国橋と広小路」伊藤毅・長島弘明・吉田伸之編『江戸の広場(仮題)』東京大学出版会, 2005年春刊行予定
吉田伸之「新吉原と仮宅」浅野秀剛・吉田伸之編『浮世絵を読む』2巻, 朝日新聞社, 1998年([吉田, 2003]に収録)

③—紙屑買の章
伊藤好一『江戸の夢の島』吉川弘文館, 1982年
川勝守生「近世江戸石灰市場の形成と会所制」『史学雑誌』113編4号, 2004年
戸沢行夫「八品商としての質屋—江戸の"地域と商業"—」『史学』51巻4号, 1982年
吉田伸之「表店と裏店—商人の社会, 民衆の世界—」『日本の近世9　都市の時代』中央公論社, 1992年([吉田, 2000]に収録)

●──参考文献

全体にかかわるもの

浅野秀剛・吉田伸之編『大江戸日本橋絵巻─「熈代勝覧」の世界─』講談社, 2003年

吉田伸之『近世巨大都市の社会構造』東京大学出版会, 1991年

吉田伸之『巨大城下町江戸の分節構造』山川出版社, 2000年

吉田伸之『日本の歴史17巻　成熟する江戸』講談社, 2002年

吉田伸之『身分的周縁と社会＝文化構造』部落問題研究所, 2003年

21世紀から「江戸」へ

永原慶二『20世紀日本の歴史学』吉川弘文館, 2003年

中村吉治「農民史探求と社会史」『歴史評論』410, 1984年

宮地正人『歴史のなかの新選組』岩波書店, 2004年

①─町屋敷の章

岩淵令治「江戸の都市空間と住民」高埜利彦編『日本の時代史15　元禄の社会と文化』吉川弘文館, 2003年

岩淵令治「幕末関東豪商の江戸町屋敷・田畑購入心得書」『論集きんせい』19号, 1997年

岩淵令治「江戸における関八州豪商の町屋敷集積の方針と意識─関宿干鰯問屋喜多村壽富著『家訓永続記』を素材に─」久留島浩・吉田伸之編『近世の社会的権力』山川出版社, 1996年

金行信輔「江戸寺社地の空間と社会」『年報都市史研究』8号, 山川出版社, 2000年

財団法人三井文庫編『三井事業史』資料編1巻, 1973年

宮崎勝美「江戸の土地─大名・幕臣の土地問題─」吉田伸之編『日本の近世9　都市の時代』中央公論社, 1992年

吉田伸之「江戸町会所金貸付について」『史学雑誌』86編1～2号, 1977年（[吉田, 1991]に収録）

吉田伸之「『成熟する江戸』と現代社会─土地との関わりを中心に」『不動産調査月報』308～309号, 2003年

日本史リブレット53

21世紀《せいき》の「江戸《えど》」

2004年11月15日　1版1刷　発行
2022年4月30日　1版4刷　発行

著者：吉田伸之《よしだのぶゆき》

発行者：野澤武史

発行所：株式会社 山川出版社

〒101－0047　東京都千代田区内神田1－13－13
電話　03(3293)8131(営業)
　　　03(3293)8135(編集)
https://www.yamakawa.co.jp/
振替　00120-9-43993

印刷所：明和印刷株式会社

製本所：株式会社 ブロケード

装幀：菊地信義

Printed in Japan ISBN 978-4-634-54530-4

日本史リブレット　第Ⅰ期［68巻］・第Ⅱ期［33巻］　全101巻

1 旧石器時代の社会と文化
2 縄文の豊かさと限界
3 弥生の村
4 古墳とその時代
5 大王と地方豪族
6 藤原京の形成
7 古代都市平城京の世界
8 古代の地方官衙と社会
9 漢字文化の成り立ちと展開
10 平安京の暮らしと行政
11 蝦夷の地と古代国家
12 受領と地方社会
13 出雲国風土記と古代遺跡
14 東アジア世界と古代の日本
15 地下から出土した文字
16 古代・中世の女性と仏教
17 古代寺院の成立と展開
18 都市平泉の遺産
19 中世に国家はあったか
20 中世の家と性
21 武家の古都、鎌倉
22 中世の天皇観
23 環境歴史学とはなにか
24 武士と荘園支配
25 中世のみちと都市
26 戦国時代、村と町のかたち
27 破産者たちの中世
28 境界をまたぐ人びと
29 石造物が語る中世職能集団
30 中世の日記の世界
31 板碑と石塔の祈り
32 中世の神と仏
33 中世社会と現代
34 秀吉の朝鮮侵略
35 町屋と町並み
36 江戸幕府と朝廷
37 キリシタン禁制と民衆の宗教
38 慶安の触書は出されたか
39 近世村人のライフサイクル
40 都市大坂と非人
41 対馬からみた日朝関係
42 琉球の王権とグスク
43 琉球と日本・中国
44 描かれた近世都市
45 武家奉公人と労働社会
46 天文方と陰陽道
47 海の道、川の道
48 近世の三大改革
49 八州廻りと博徒
50 アイヌ民族の軌跡
51 錦絵を読む
52 草山の語る近世
53 21世紀の「江戸」
54 近代歌謡の軌跡
55 日本近代漫画の誕生
56 海を渡った日本人
57 近代日本とアイヌ社会
58 スポーツと政治
59 近代化の旗手、鉄道
60 情報化と国家・企業
61 民衆宗教と国家神道
62 日本社会保険の成立
63 歴史としての環境問題
64 近代日本の海外学術調査
65 戦争と知識人
66 現代日本と沖縄
67 新安保体制下の日米関係
68 戦後補償から考える日本とアジア
69 遺跡からみた古代の駅家
70 古代の日本と加耶
71 飛鳥の宮と寺
72 古代東国の石碑
73 律令制とはなにか
74 正倉院宝物の世界
75 日宋貿易と「硫黄の道」
76 荘園絵図が語る古代・中世
77 対馬と海峡の中世史
78 中世の書物と学問
79 史料としての猫絵
80 寺社と芸能の中世
81 一揆の世界と法
82 戦国時代の天皇
83 日本史のなかの戦国時代
84 兵と農の分離
85 江戸時代のお触れ
86 江戸時代の神社
87 大名屋敷と江戸遺跡
88 近世商人と市場
89 近世鉱山をささえた人びと
90 「資源繁殖の時代」と日本の漁業
91 江戸の浄瑠璃文化
92 江戸時代の老いと看取り
93 近世の淀川治水
94 日本民俗学の開拓者たち
95 軍用地と都市・民衆
96 感染症の近代史
97 陵墓と文化財の近代
98 徳富蘇峰と大日本言論報国会
99 労働力動員と強制連行
100 科学技術政策
101 占領・復興期の日米関係